洋経済

Best Book 2022

先を知るための読書案内

週刊東洋経済eビジネス新書　No.422

先を知るための読書案内

本書は、東洋経済新報社刊『週刊東洋経済』2022年4月30日・5月7日合併号より抜粋、加筆修正のうえ制作しています。情報は底本編集当時のものです。（標準読了時間　120分）

先を知るための読書案内　目次

ベストブック2022

ロシアがウクライナへの軍事侵攻を開始してから2カ月、私たちが毎日目にするようになったのは、21世紀とは思えぬような破壊と残虐の限りを尽くした戦場の姿である。

地政学の専門家からは「第2次世界大戦以来の世界的危機」との声が上がる。確かに冷戦時代のはるか以前にまで時計の針が戻ってしまった感覚がある。米レーガン大統領と旧ソ連のゴルバチョフ書記長がスイスで歴史的な会談を行ったのは1985年。その三十数年後には同じ欧州で西側とロシアとの戦争が起きてしまった。

「ポスト冷戦」といわれた時代は消え失せたと思うしかない。新型コロナウイルスの蔓延に続く衝撃によって、グローバル化やそれを支えた新自由主義への風当たりはもっと強くなるのだろう。

新しい世界秩序や社会の仕組みはどうつくられるのか。私たちはどう生きていけばよいのか。頼りになるのは、良質で正確な情報や知識、そして蓄積された教養である。それを確実に獲得できる手段は読書しかないはずだ。本誌では政治や地政学など各分野の専門家が「先を知るための本」を紹介する。激動の世界を生き抜くための武器にしてほしい。

【格差と気候変動】

戦争と気候変動は同根だ　弱者を犠牲にせぬ社会を

東京大学大学院　准教授・斎藤幸平

世界は、ウクライナ危機一色だ。開戦以前、世界は気候変動対策に取り組もうとしていたが、今や忘れ去られたかのようだ。だがそれではいけない。今こそ大胆な変革が必要である。

コロナ禍は、「最後の危機でも最悪の危機でもなく、今後も続く慢性的な緊急事態の最終リハーサルだ」と警告してきた。それが、人類の経済活動が惑星のあり方を根本から変えてしまった「人新世」という時代の宿命だからである。

パンデミック下で世界の分断は深まった。米中対立の影響が広がり、経済格差も拡大した。そんな中、NATO対ロシアという形の危機が起こったのだ。西側諸国はロシアを共通の敵とし団結しているが、他方で中国やインド、ブラジルなどの国々はそれを冷ややかな目で見ている。

そのような分断は気候危機にとっても致命的である。気候変動対策は本来、極めて限られた短期間に、世界が団結して大きなアクションを起こさなければいけない問題だからである。

気候危機が進めば、破壊的な自然災害も増え、食糧危機や水不足も生じる。さらには気候難民も大量発生する。それは、間違いなく新たな紛争の火種になる。

プーチン大統領は、エネルギー輸出で外貨を稼ぎ、国民生活を豊かにすることで支持を拡大してきた。そのツケを払うことになるのは、気候変動で最も苦しむアフリカや中東の人たちである。さらにロシアは、輸出などによって蓄えた富で兵器を買い、ウクライナ市民を殺している。これが化石燃料を大量消費して栄えた世界の矛盾だ。戦争も気候危機も問題は同根の化石燃料であり、犠牲になるのは弱い人々である。

大きな政府の下での転換

弱者の犠牲は西側諸国でも生じている。新自由主義が格差を広げてきたし、市場任せの経済成長路線が、脱炭素化への対策を遅らせ、将来世代に大きな環境負債を残す結果となっている。

だが、新自由主義はパンデミック下で終わりを告げた。あれほどの危機を前に「自己責任論」は通用しないからだ。資本主義への批判は高まっている。危機への対応には、財政出動や市場介入など、「大きな政府」が必要になる。今後も、大きな政府の下で、生活保障や脱炭素化が求められるだろう。それが、ダボス会議がいうように、資本主義の「グレートリセット」になるかが、未来の分岐点である。

そこで、気候変動と格差という2つの危機に私たちが直面している今、読むべき5冊を紹介したい。

『2084年報告書』は、私たちが今、地球環境を守るための行動を取らなかったら、2084年はどうなるか、地質学者である著者がそんな仮想的な世界を描いたSF小説だ。作中では、洪水や食糧危機が発生する。気候変動で人々が米国からカナダに移住し、それが戦争を引き起こしたりもする。

近年、欧米では「緑の成長」とは別に、「緑の成長そのものが欺瞞」「利潤追求型のシステムから脱却しよう」という「脱成長」が若い世代を中心に広い支持を得ている。本書はその運動の根底にある危機感にも通じる。未来に向けた想像力が喚起される。

一方、格差問題を考えるうえで、『監視資本主義』は必読だ。GAFAの問題はプライバシーの侵害だけではない。著者のズボフによれば、ルールのないデジタル空間で、GAFAは今や個人の行動を支配するようにさえなっている。

GAFA主導の危険性

本書では、位置情報ゲームの『ポケモンGO』が例に挙げられている。飲食店にジム（仮想の闘技場）が設置されればプレーヤーはそこに集まる。右にレアなポケモンがいると知れば、右に曲がってしまう。人間の自由は幻想になるのだ。メタバースが本格化すれば、日常生活への介入はさらに深まる。それを主導するのがGAFAで本当にいいのだろうか。

そんな世界から脱却しよう、という意味で選んだのが、『賃労働の系譜学』だ。米国のアマゾンでは労働組合の新規結成の動きがある。GAFAを頂点とする搾取のシステムの中で、労働者がいかに自身を管理する主導権や技能を取り戻し、仕事のやりがいを獲得していくか。この議論には、ジョブ型雇用をどう進展させるかを考えるためのヒントがある。つまり、日本の労働運動にもグレートリセットが必要なのであり、失敗すれば、「デジタル封建制」になると著者は警鐘を鳴らす。

GAFAが支配する「デジタル封建制」とは異なる社会の具体像を示すのが、『クソったれ資本主義が倒れたあとの、もう一つの世界』。リーマンショック後、ハッカー集団が権力者らをその座から追い落とした世界で、人々は生まれた瞬間から富や教育機会を平等に与えられる、という小説だ。『2084年報告書』もそうだが、現実は変えられないという冷笑主義が目立つからこそ、フィクションは重要性を増している。

格差の問題を考えるうえで、資本主義社会を裏から支えてきた、無償のケア労働も重要な論点だ。『アダム・スミスの夕食を作ったのは誰か?』はこの問題に鋭く斬り込む。合理的な「経済人」という経済学の前提自体、実は男性中心主義的な見方に立脚する。前提を変えねば、公正な社会はない。
だが、資本主義社会における成功者からそのような大胆な変革のアイデアが出るとは考えにくい。子どもや女性、途上国の人など、周辺化されてきた人々からこそ、危機の打開策が出てくるのではないか。その視点を学ぶために本を読むべきなのだ。

（構成・山本舞衣）

【世界の危機を知る5冊】

『クソったれ資本主義が倒れたあとの、もう一つの世界』

ヤニス・バルファキス：著／江口泰子：訳／講談社／1980円

『監視資本主義　人類の未来を賭けた闘い』

ショシャナ・ズボフ：著／野中香方子：訳
東洋経済新報社／6160円

『2084年報告書　地球温暖化の口述記録』

ジェームズ・ローレンス・パウエル：著／小林政子：訳

国書刊行会／2970円

『アダム・スミスの夕食を作ったのは誰か？　これからの経済と女性の話』

カトリーン・マルサル：著／高橋璃子：訳／河出書房新社／2310円

『賃労働の系譜学　フォーディズムからデジタル封建制へ』

今野晴貴　著／青土社／2420円

斎藤幸平（さいとう・こうへい）

1987年生まれ。経済思想家。『人新世の「資本論」』（集英社新書）で「新書大賞2021」を受賞。同書は45万部を超えるベストセラーに。独ベルリン・フンボルト大学にて博士（哲学）を取得。専門は経済思想、社会思想。

世界の危機を知る5冊

クソったれ資本主義が倒れたあとの、もう一つの世界

ヤニス・バルファキス 著／江口泰子 訳／講談社／1980円

アダム・スミスの夕食を作ったのは誰か？ これからの経済と女性の話

カトリーン・マルサル 著／高橋璃子 訳／河出書房新社／2310円

監視資本主義 人類の未来を賭けた闘い

ショシャナ・ズボフ 著／野中香方子 訳／東洋経済新報社／6160円

2084年報告書 地球温暖化の口述記録

ジェームズ・ローレンス・パウエル 著／小林政子 訳／国書刊行会／2970円

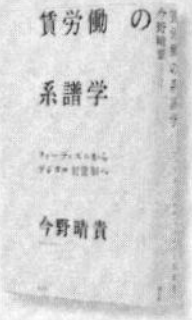

賃労働の系譜学 フォーディズムからデジタル封建制へ

今野晴貴 著／青土社／2420円

【ポスト冷戦の終わり】

冷戦後の〝原理主義〟に染まらないために読書を

評論家・與那覇　潤

ロシアのウクライナ侵攻を機に、ポスト冷戦といわれた時代が完全に幕を下ろした。「冷戦期よりも民主主義国家が増えて、平和なムードに包まれ、よりよい世界になる」。そう信じられた多幸症の季節が終わった。

2021年刊行した『平成史　昨日の世界のすべて』に記したが、ポスト冷戦の空気が暗転したのは1997年のアジア通貨危機が契機。つまりベルリンの壁崩壊後のキラキラしたムードは賞味期限が約10年、消費期限が30年だったことになる。プーチンがロシアで実権を握るのが99年末で、チェチェンの独立運動を武力一辺倒で圧殺したやり方のまま、今日のウクライナ侵攻まで来ている。

冷戦終焉の直後は、勝利した西側の自由民主主義が人々に「納得できる秩序」を提供するかに見えた。資本主義への不満は絶えず、格差も生じるが、「トータルで見れば他の体制と違って、そこそこしっかりしてるんじゃないの」と。しかしその輝きが薄れると、世界各地で「現在の世の中は不当、不条理だ」とする感覚が高まり、さまざまな原理主義が台頭する。

原理主義を駆動するのは、「今、目の前にある世界を全否定したい」という欲求だ。とくに非西欧圏では、おのおのの伝統に回帰し「西洋化した現在の秩序は偽物で、こっちが本物だよ」と呼びかけることで人々を動員しやすい。

冷戦の後半、1970年代には「米国の資本主義もソ連の社会主義もろくなものではなく、『本物の秩序』なんてどこにもない」とする感覚が広がっていた。それが原理主義を抑えていたが、89年に西側が一方的に勝利しバランスが崩れてしまう。ソ連時代の勢力圏再建を目指すともされるプーチンの思想は、「ロシア原理主義」で、冷戦の敗北に対する復讐なのだろう。

74年の英国の小説『ティンカー、テイラー、ソルジャー、スパイ』（映画『裏切りのサーカス』の原作）では、西側の諜報部員がソ連の工作員に「どうせ資本主義も社会主義も偽物なんだから、イデオロギーに人生を懸けることはないだろう」と亡命を呼びかける。しかし、彼はソ連に帰国して粛清をくぐり抜け、情報機関のドンに成り上がる。KGBの出身で、いま再び西側への挑戦者となったプーチンを予言したとも読める。

『ハロー、ユーラシア』は中国の事例を中心に、ロシアも含めたユーラシアで原理主義的な思潮が勃興する様子を描く。2010年代には中国の習近平、トルコのエルドアン、インドのモディらが強権を振るい、それぞれ中華主義・イスラーム・ヒンドゥーナショナリズムへの回帰を進めた。とくにトルコとインドは、冷戦下ではむしろ社会の「世俗化」を目指したので大きな逆転だ。それくらい、「西洋近代なんかクソ食らえ。うちにはうちのやり方がある」とする気分が各地で高まっている。

原理主義化をどう回避するか。今、敵に見える勢力と戦うために、この思想に帰依しろと迫られると、フェイクをつかまされる。本当の伝統とはもっと長い「時間の幅」を持つおおらかなもので、その厚みを感じ取るためにこそ読書が必要だ。日本人にとっては、例えば『先祖の話』が有益だ。

柳田国男は敗戦の直前に筆を起こし、焦土からの再出発の際に日本人が保つべき時間感覚を論じている。自分の死後にも「家」が続くという発想、そうした個人の人生を超えつつも安易に国家と自己とを一体化させない生活のリズムを、取り戻すよう訴えた。

日本人の死生観では没後、どこか遠くの理想郷へと昇天するのではなく、「家」の祖先の霊と融合して地元に残るのだとする主張は、仏教を批判しつつ、国家神道とも距離を取っている。危機の中でも原理主義をあおらず、たしなめる筆致が印象に残るはずだ。

分配と文学の効用

『チョンキンマンションのボスは知っている』が描くのは、現代香港の巨大雑居ビルに住むアフリカ系零細商人の日常。不法滞在も多く、住民の入れ替わりも激しいから、柳田が描く「家」のように安定した共同体は存在しない。

しかし彼らは「今、目の前」に困窮する仲間がいたら取りあえず助け、返礼は将来自分が困ったときに、誰か別の人からもらえばよいと割り切る。そうしたドライさゆえの相互扶助もまた、原理主義を発生させないやり方だ。

その場しのぎ的な「分配」は軽んじられがちだが、国家が行う「再分配」と異なり、強い権力やイデオロギーを必要としない。『平成史』では日本人が共有する歴史観を失ってゆく過程を描いたが、この本は「歴史を欠き、今しか見えなくても、原理主義に陥らない」方法を教えてくれる。

『私のロシア文学』は東日本大震災の年に、著者が開いた私的な読書会が基になっている。ロシアの近代小説では「西欧化」に憧れて挫折し自棄的になる男性と、「よきロシアの伝統」を担うかのような逞（たくま）しい女性とが、出会いやすれ違いを演じることが多い。

両者のうち片方だけをたたえると、それはもう文学ではなく、プロパガンダになってしまう。その意味で文学とは本来、原理主義から最も遠い存在だった。今はプーチン支配一色に染まるロシアにも、そうした豊かな伝統がある。

概観的な歴史書も執筆したプーシキンは、小説で歴史を描く際は徹底して「巻き込まれた個人」の視点にこだわった。時代の空気にのまれない個の力が、文学には宿っている。

（構成・堀川美行）

【ポスト冷戦を知る6冊】

『平成史　昨日の世界のすべて』
與那覇　潤：著／文芸春秋／2200円

『チョンキンマンションのボスは知っている　アングラ経済の人類学』
小川さやか：著／春秋社／2200円

『私のロシア文学』
渡辺京二：著／文春学芸ライブラリー／1375円

『ティンカー、テイラー、ソルジャー、スパイ』〔新訳版〕
ジョン・ル・カレ：著／村上博基：訳
ハヤカワ文庫NV／1210円

『先祖の話』
柳田国男：著／角川ソフィア文庫／704円

『ハロー、ユーラシア　21世紀「中華」圏の政治思想』
福嶋亮大：著／講談社／2200円

與那覇　潤（よなは・じゅん）
1979年生まれ。日本近代史担当の公立大学准教授として勤務後、病気休職を経て離職。『中国化する日本』『知性は死なない』など著書多数。共著『心を病んだらいけないの？』で小林秀雄賞。新刊『過剰可視化社会』が5月刊行。

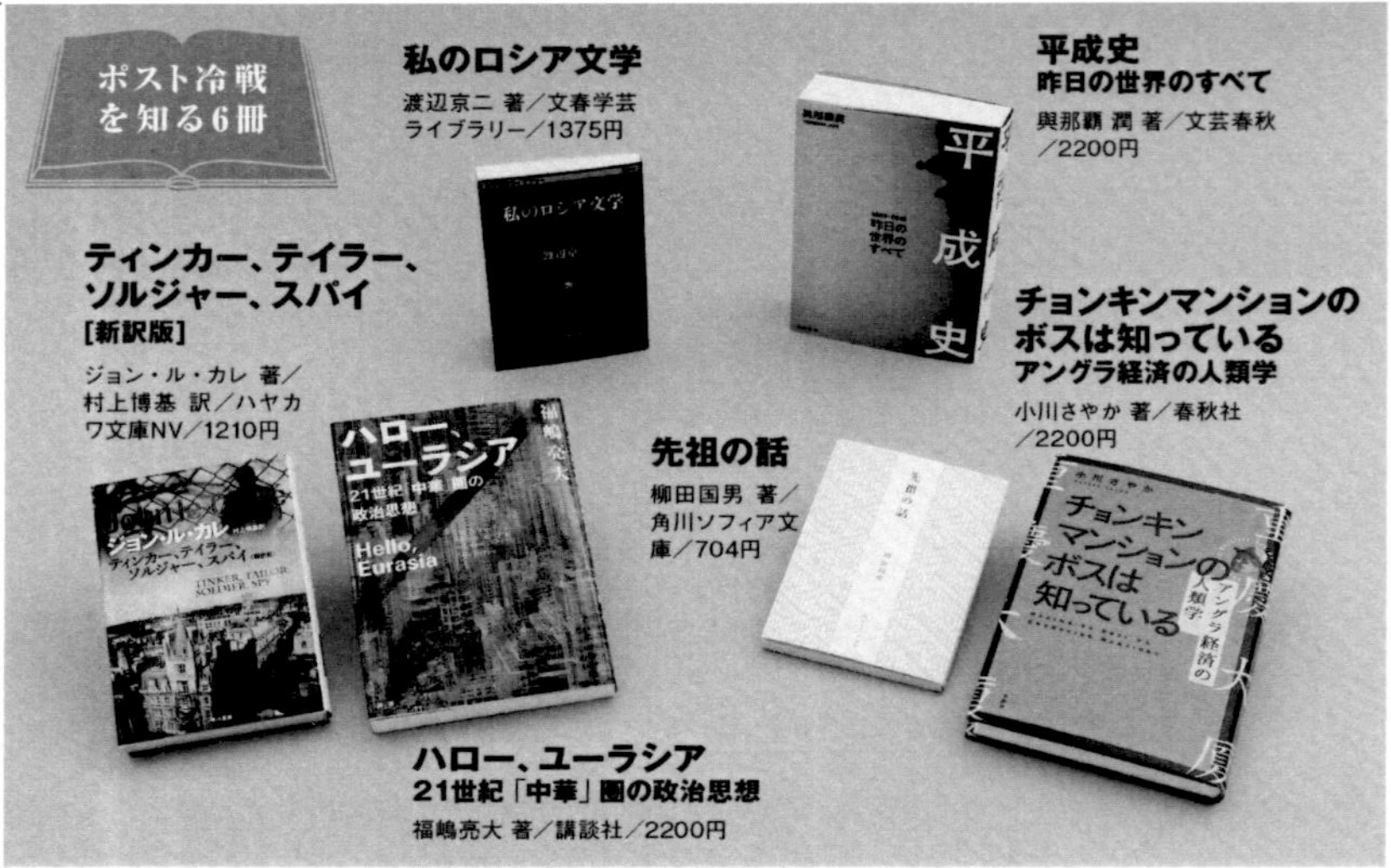
ポスト冷戦
を知る6冊
私のロシア文学
渡辺京二 著／文春学芸
ライブラリー／1375円
平成史
昨日の世界のすべて
與那覇 潤 著／文芸春秋
／2200円
ティンカー、テイラー、
ソルジャー、スパイ
[新訳版]
ジョン・ル・カレ 著／
村上博基 訳／ハヤカ
ワ文庫NV／1210円
チョンキンマンションの
ボスは知っている
アングラ経済の人類学
小川さやか 著／春秋社
／2200円
先祖の話
柳田国男 著／
角川ソフィア文
庫／704円
ハロー、ユーラシア
21世紀「中華」圏の政治思想
福嶋亮大 著／講談社／2200円

グローバル化を志向する日本は周回遅れといえる

作家・元外務省主任分析官　佐藤　優

先読みしている人はわかると思うが、ウクライナ危機はスタグフレーションにつながる。また、ロシア、中国、北朝鮮が一体となって日本に対決姿勢を示しており、国内では国防予算大幅増の話も出ている。ますます混沌とした時代になり、ゴールデンウィークは悠長に「教養でも身に付けよう」という感じではない。危機を乗り切るためにどうすればいいか、武器になる本を読むことが求められる。今後1年ぐらいの動きを知るために必要な本を選んだ。

1冊目はレーニンの『帝国主義』。読みにくいが、ビジネスパーソンは、第6章「列強のあいだでの世界の分割」と、第7章「資本主義の特殊の段階としての帝国主義」を読めばいい。148ページに「帝国主義は高度に発達した産業システムの一産物である。そこでどんな民族が住んでいるかに関わりなく、ますます大きな農業、地域を隷属させ、併合しようとするあらゆる産業資本的民族の熱望である」と、カール・カウツキーの帝国主義の定義が書かれている。これは穀倉地帯のウクライナを指すが、レーニンはこの定義は民族という一面だけを捉えていて役に立たないと指摘する。

まさに今、ウクライナという、米国の半植民地になりつつある、ロシア帝国の植民地だった地域をめぐる争奪戦が起きている。理念や価値観は関係なく、国益と国益が露骨にぶつかり合っている。

当時は戦争に正義があるとの見方が大勢だったが、『帝国主義』では、国家と資本が結び付いた利権抗争にすぎず、その手段として戦争があると述べられている。

レーニンの古い話を補強するには、橋爪大三郎氏と私の共著『世界史の分岐点』がいい。ウクライナがこんな事態になるとは考えずに作ったが、ぴったりはまった。ドイツの問題点にも目を向けているし、米国一極の構造が終わって世界が多極化していくとも述べている。さらに、化石燃料依存脱却のため核融合技術が進化する話にも触れている。軍事においても、空母キラーといわれる中国のミサイルによって台湾に空母が近寄れないという、日本の軍事専門家があまり触れない話もしている。

プーチンの哲学を知る

アレクサンドル・カザコフ氏が書いた『ウラジーミル・プーチンの大戦略』は、専門家や有識者などのインテリが読む本で難しいが、プーチン大統領の政治哲学を読み取ることができる。

プーチン大統領は自分の考えを言わないので、解読が必要だが、この本は彼の思考について触れている。その価値観の根源にはキリスト教的な聖戦論がある。祈りとともに剣を取って戦わなければならない場合があるということだ。

私はカザコフ氏の言うことも、ロシアのラブロフ外相の発表も是認しているわけではないが、ロシア語圏では、別の真理が動いている。ロシアにおけるナラティブ（物語）と西側におけるナラティブは違う。もちろん中国のナラティブも違う。ロシアのナラティブを知るうえで、この本を読むと、彼らがどう考えているかがわかる。

民族が生まれる原理を知るには、アーネスト・ゲルナーの『民族とナショナリズム』を読むといい。「民族」は、基本的には産業社会の随伴物で、資本主義と相性がいいというのがゲルナーの考え方だ。

欧州では、民族ごとのネーションステート（国民国家）の設立が18世紀末から19世紀にかけ相次いだが、長年「ソビエト国民」だったウクライナでは2014年に起こった。しかし、民族をつくり出す流れについていけない東部の人たちが、「ウクライナ人になるのは嫌だ」と思っている。つまり民族は人為的にはつくれないのだ。

よくある誤解は、今のロシアがナショナリズムで動いているという見方だ。カザコフ氏の本を読めばわかるが、移民排斥などの動きは、プーチン大統領も禁止している。ロシアはナショナリズムではなく、地政学で動いている。

ヨラム・ハゾニー氏の『ナショナリズムの美徳』は、米トランプ外交やジョンソン英首相らに影響を与えた本として注目されたが、書かれているのは、宗教改革者のツヴィングリやカルバンの再評価だ。

両者は旧約聖書に関心を持っていた。カトリック教会は、旧約聖書は一夫多妻を認めるなど、新約聖書と整合性がないから、信者には読ませなかった。

しかしその旧約聖書では、ユダヤ人は、神に定められた領域があり、その土地でのみ主権的な力を持つとされていた。つまり、その場所以外には関心がなく、拡張するつもりはないということだ。ツヴィングリらが旧約聖書の考え方を広めたことで欧州にネーションステートが生まれ、米国にも波及した。米国の本来の考え方は他国に干渉しないモンロー主義だ。

旧約聖書では、アッシリアやバビロニアといった帝国は悪で、災厄をもたらすと考えられていた。巨大帝国化は、紛争の原因にもなる。今後、自分の民族、国を守るというハゾニー氏のナショナリズム的な考え方が主流となるだろう。

日本はグローバリゼーションを志向しているが、世界では周回遅れだ。岸田首相の日米同盟があれば大丈夫だという発想は、遅れた考えということが5冊の本を読むとよくわかる。

政府や報道を信用するばかりで、自分の頭で考えて先読みをしないと、たいへんなことになりかねない。

（構成・宇都宮　徹）

【世界の新秩序を知る5冊】

『ウラジーミル・プーチンの大戦略』
アレクサンドル・カザコフ：著／佐藤　優：監訳、原口房枝：訳
東京堂出版／4180円

『世界史の分岐点　激変する新世界秩序の読み方』
橋爪大三郎、佐藤　優：著／SB新書／990円

『帝国主義』

レーニン：著／宇高基輔：訳／岩波文庫／858円

『民族とナショナリズム』

アーネスト・ゲルナー：著／加藤　節：監訳／岩波書店／2970円

『ナショナリズムの美徳』

ヨラム・ハゾニー：著／中野剛志、施　光恒：解説
庭田よう子：訳／東洋経済新報社／2860円

佐藤　優（さとう・まさる）
1960年生まれ。同志社大学大学院神学研究科修了。85年に外務省入省。専門の外交問題のみならず、政治・文学・歴史・神学など幅広い分野で執筆活動を展開。『国家の罠』『自壊する帝国』など著書多数。

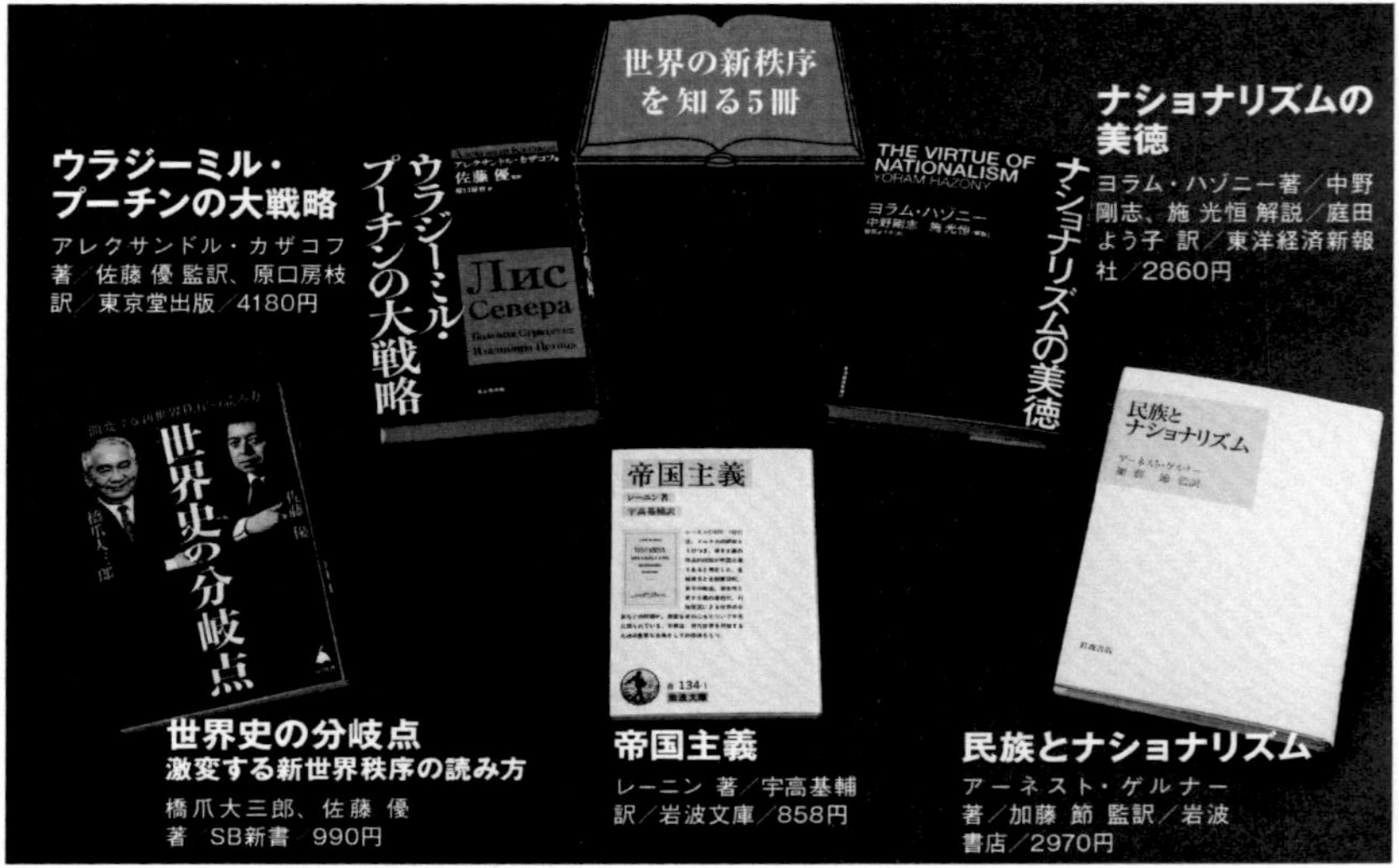
世界の新秩序
を知る5冊
ウラジーミル・
プーチンの大戦略
アレクサンドル・カザコフ
著／佐藤 優 監訳、原口房枝
訳／東京堂出版／4180円
ナショナリズムの
美徳
ヨラム・ハゾニー著／中野
剛志、施 光恒 解説／庭田
よう子 訳／東洋経済新報
社／2860円
世界史の分岐点
激変する新世界秩序の読み方
橋爪大三郎、佐藤 優
著 SB新書 990円
帝国主義
レーニン 著／宇高基輔
訳／岩波文庫／858円
民族とナショナリズム
アーネスト・ゲルナー
著／加藤 節 監訳／岩波
書店／2970円

【ロシアとプーチン】

21世紀に古典的戦争がなぜ始まったのか

〔推薦者〕産経新聞 外信部次長兼論説委員／前モスクワ支局長・遠藤良介

21世紀の欧州で古典的かつ残虐な侵略戦争が起きたことに世界が驚愕した。ロシアが始めたウクライナ侵攻である。プーチン大統領という独裁者がウクライナ支配を夢想し、側近の誰も彼を止められなかった。これが惨劇の本質的な側面である。

しかし、それを「プーチンの狂気」と片付けてしまうのはナイーブにすぎる。その行動は長年にわたって築かれた思考回路の帰結にほかならないからだ。『プーチンの世界』がこの点を明らかにする。

旧ソ連国家保安委員会（ＫＧＢ）のスパイからサンクトペテルブルク副市長に転身し、さらに中央政界へと駆け上った。各段階を通じて「国家主義者」「歴史家」「アウトサイダー」「工作員」など6つの「ペルソナ（人格）」が形成されたと指摘している。

興味深いのは、大統領として大国の復活を目指したプーチン氏が、帝政ロシアとソ連のいいとこ取りを理念にしたという指摘だ。「プーチンの考える『理想のロシア』は、ロシアのこれまでの歴史全体と、帝政およびソ連時代のロシア国家から抜き出した思想との融和である」。

プーチン氏はロシアやウクライナ、カザフスタンなどによるユーラシア連合創設を目指したが、ウクライナで2014年に親ロ派政権が崩壊し、計画は事実上破綻した。ここに今日の事態につながる淵源がある。ウクライナなど近隣諸国に米欧が干渉しているとの一方的な疑念には「工作員」のペルソナが反映されている。

『「帝国」ロシアの地政学』は、米欧とはまったく異なるロシア独特の「主権」意識を明らかにしている。「ロシアの考える主権はごく一部の大国のみが保持しうる」という点は極めて重要だ。ウクライナ危機にはマクロとミクロの側面が絡み合う。前者は世界の中での「勢力圏」の問題であり、プーチン氏はNATO（北大西洋条約機構）の東方拡大やウクライナのNATO接近に強く反発する。後者は、プーチン氏がウクライナをロシア文明圏の一部と考え、「半主権国家」と見なしているためだ。

『ロシア皆伝』は、ロシア・旧ソ連圏で計11年間勤務した元外交官のエッセー。ソ連時代、大混乱の1990年代、プーチン時代へと至るロシア社会の変遷や人々のメンタリティーが平易に描かれている。ロシア人がプーチン氏を支持する理由の一端も垣間見える。

（構成・ライター：圓岡志麻）

【お薦めの3冊】

『プーチンの世界 「皇帝」になった工作員』
フィオナ・ヒル、クリフォード・G・ガディ：著
濱野大道、千葉敏生：訳／畔蒜泰助：監修／新潮社／3520円

『「帝国」ロシアの地政学 「勢力圏」で読むユーラシア戦略』
小泉 悠：著／東京堂出版／2640円

『ロシア皆伝』

河東哲夫：著／イースト新書／1069円

遠藤良介（えんどう・りょうすけ）

産経新聞東京本社外信部、モスクワ支局長等を経て現職。著書に『プーチンとロシア革命』など。

【ウクライナを知る】

100年にも及ぶ日本人との意外な関係

〔推薦者〕神戸学院大学教授・岡部芳彦

ロシアによるウクライナ侵攻は、長年ウクライナと関わってきた私にとっても予想もしない事態であった。本来、この頃は仕事でウクライナを訪問しているはずだったのである。本当に突然の出来事だった。

ウクライナとの出合いは、大学受験を目前とする高校3年生の頃だ。1991年のソ連崩壊に立ち会うためモスクワやウクライナのキーウ（キエフ）を訪ねたのである。それ以来、ロシアやウクライナに興味を持ち、現地に何度も足を運ぶことになる。

歴史と文化を深く知る

ウクライナの歴史や文化風土、そして日本との関係を知るのに最適な3冊を紹介したい。キエフからキーウへ。今回、ウクライナの地名の呼称が変更された。著者3人はいずれもこの呼称変更に尽力した人たちである。

まず2014年のクリミア侵攻時もそうだったが、今も非常に注目されている本が『物語 ウクライナの歴史』である。02年刊行で少し古い本だが、ウクライナの歴史を知るうえでは、最初に手に取りたい1冊だ。著者の黒川祐次氏は駐ウクライナ大使を務めた人で、日本におけるウクライナ研究では第一人者的な人物である。

次に薦めたいのは、『ウクライナ・ファンブック』。この本も大きな話題を集めているようだ。

本書の魅力はジャーナリストである平野高志氏自身が撮影した豊富な写真だ。地図や観光情報はもちろん、食の情報、ウクライナの歴史など盛りだくさんの内容だ。

旅行書としても最高の仕上がりとなっている。ただ、本当に悲しいのは、本書に掲載された、ウクライナの美しい光景のいくつかが、すでに破壊されてしまったことだ。その点でも本書の価値は大きいように思える。

最後に手前みそだが、『日本・ウクライナ交流史　1915－1937年』を紹介したい。専門書だが、一般の人にもサラリと読んでいただける。宮沢賢治の詩に「ウクライナの舞手のよう」という一節がある。ウクライナの芸術がこの頃に紹介されていた事実を示している。本書ではその由来についても述べている。

30年代、日本の軍部がウクライナ独立を支援した歴史がある。先述の黒川さんの『物語　ウクライナの歴史』でも経緯が説明されているのだが、本書では実際に関わった人物の名前など、後日、私自身が探し当てた詳細な情報を紹介しているので、ご興味のある方にはぜひお読みいただきたい。

4月に出版された続編では第2次世界大戦後のシベリア抑留された日本人とウクライナ人の交流についても紹介している。併せて読むと、日本とウクライナの関係について、より深く理解できるはずである。

（構成・ライター：圓岡志麻）

【お薦めの3冊】

『物語 ウクライナの歴史 ヨーロッパ最後の大国』

黒川祐次：著／中公新書／946円

『ウクライナ・ファンブック 東スラヴの源泉・中東欧の穴場国』

平野高志：著／パブリブ／2530円

『日本・ウクライナ交流史 1915-1937年』

岡部芳彦：著／神戸学院大学出版会／1980円

岡部芳彦（おかべ・よしひこ）

神戸学院大学経済学部教授、同国際交流センター所長。ウクライナ大統領付属国家行政アカデミー名誉教授。ウクライナ研究会会長。ウクライナ研究の第一人者として知られる。

【欧州政治を知る】

政治と社会の今の姿を巨視的に捉える

〔推薦者〕慶応義塾大学 准教授・鶴岡路人

ロシア・ウクライナ戦争を契機として欧州への関心が高まっている。ただ、一口に欧州といっても、その対象は広いし多様だ。切り口はいくらでもある。

報道ではやはり日々の戦況が気になるし、民間人の犠牲には胸が痛む。そして400万人を超えるウクライナ人が国外に避難している。彼らはどのような運命をたどることになるのか。

そうした中で求められるのは、欧州の政治と社会の現状を可能な限り巨視的に捉える視点だ。

英国人ジャーナリストのダグラス・マレーによる『西洋の自死』は、欧州（とくに西欧)の「道徳的自己陶酔」を厳しく追及した著作だ。西欧に根差す歴史的な罪悪感ゆえに、欧州人は、人種差別主義者と批判されないために多文化主義を標榜し、結果として「自己放棄の時代」になったと告発する。

反論もあるだろうが、そうした状況が欧州の一部に存在していることは否定できない。少なくとも欧州の主流派のエリートはそうした環境に置かれてきたと言える。ただし、それを無理に続けようとすれば不満が爆発することも容易に想像がつく。実際、2015年の欧州移民危機への反応や、欧州各国での移民排斥のポピュリストの登場は、こうした文脈で理解できる。

だが、そうした状況は西欧の話であり、東欧は大きく異なると、ブルガリア出身の政治学者であるイワン・クラステフは『アフター・ヨーロッパ』で指摘する。彼によれば、コスモポリタン的な価値観は西欧のものであり、他地域では成立しえないという意味でガラパゴス症候群だという。

安全保障面でも、例えば今回の戦争を契機に明らかになったのは、ポーランドやバルト諸国による厳しい対ロ姿勢と、その同じコインの裏側としての積極的な対ウクライナ支援だ。

また、欧州移民危機の際にシリアなどからの移民受け入れに強く抵抗したポーランドは、今回最も多くのウクライナ避難民を受け入れている。ただ、それは、コスモポリタン的価値観に突き動かされた結果ではなく、ロシアに抵抗する隣国の同胞への連帯なのだろう。

良質の教科書に立ち戻る

マレーやクラステフのスケールの大きな議論は魅力的である。しかし、大きな議論で乱暴な断定に陥らないためには、読者の側でも欧州の政治や社会に関する基礎を踏まえておくことが求められる。

そのためには、たとえ面倒でも良質の教科書に立ち戻るのがよい。森井裕一編『ヨーロッパの政治経済・入門〔新版〕』は頼れる相棒になる。各国の事情とEU（欧州連合）について概観できる。確実な基礎を押さえれば、その先の見通しもよくなるはずだ。

（構成・ライター：大正谷成晴）

【お薦めの3冊】

『洋の自死　移民・アイデンティティ・イスラム』
ダグラス・マレー：著／中野剛志：解説／町田敦夫：訳
東洋経済新報社／3080円

『アフター・ヨーロッパ　ポピュリズムという妖怪にどう向きあうか』
イワン・クラステフ：著／庄司克宏：監訳／岩波書店／2090円

『ヨーロッパの政治経済・入門』〔新版〕
森井裕一：編／有斐閣ブックス／2970円

鶴岡路人（つるおか・みちと）
在ベルギー日本大使館専門調査員、防衛研究所主任研究官等を経て現職。著書に『EU離脱』など。

客観的・多面的な思考で国際的な対立を見る

〔推薦者〕青山学院大学　名誉教授／神奈川大学　教授・羽場久美子

近代では過去200年にわたり米欧の支配が続いてきた。しかし、2010年ごろから中国の台頭を皮切りに、アジアへシフトしつつあると認識されてきた。米バイデン政権以降は米欧の復権を目指し中国を封じ込めてきたがかなわず、中国の経済圏に巻き込まれるほどの状況だ。その打開策の1つとして、ロシアとウクライナの戦争が起きたと考えている。

そもそも、NATOは08年のブカレスト宣言で加盟国をジョージアやウクライナに拡大すると決めていた。ロシアは反発したが米国は聞く耳を持たず、西側諸国はロシアを挑発したところもあった。ロシアとしてももはや譲れないため侵攻に至った経緯があることを忘れてはならない。今回はトルコが停戦交渉を仲介し、ウクライナのNATO加盟停止と中立化などはウクライナ政府も受け入れた。これらを事前に話し合っていれば、戦争にならなかっただろう。

今回の戦争で憂うべきは、日本が戦争をしているわけでもないのに、メディアや市民社会がロシアを侵略者、ウクライナは被害者であると、白黒をつけるような見方をしていることだ。ブチャでの民間人殺害も、調査がされる前からプーチン大統領の仕業だと断言している。こうした姿勢は非常に危険で、今必要なのは客観的・多面的な思考だ。英BBCは紛争や対立があると現地に赴き、双方にインタビューしそれぞれの立場を報道して視聴者に考えさせる。国内メディアや学者もBBCに倣うべきだ。このままだと、台湾有事など中国との間に対立が起きると、日本社会はそれを制御する動きがつくりにくくなる。

推薦したい本は、元NHKディレクターの高木徹氏による『ドキュメント　戦争広告代理店』だ。本書ではユーゴスラビアの民族対立に際して、先進国のつくり上げたイメージでセルビア非難に意図的に向かわせた内情が書かれている。これは今の状況と重なっていて、戦争や紛争、さまざまな事件にしても、1つの見方だけでは危険だと知るために読んでほしい。

『物語　ウクライナの歴史』は、元駐ウクライナ大使の黒川祐次氏による本。ロシアに隣接する国が、西と東の大国の間で翻弄されてきた姿を書いている。今でこそ対ロシアの構図ができ上がっているが、ウクライナの中にはロシア、ポーランド、ハプスブルクなど、民族や地域の多様性が共存している。そうした歴史を知ることで、ゼレンスキー大統領はどのウクライナを代表しているのかに考えが及ぶ。文化・宗教・歴史的な多様性を学ぶのに適している。

拙著『ヨーロッパの分断と統合』も挙げさせていただいた。本書ではEUの統合と境界線、NATOの拡大に触れ、ウクライナに関しては親ロシア派のヤヌコヴィッチ大統領を追放したマイダン革命後の内戦開始についても論じた。EU・NATOとロシアの狭間で分断される国家と国民の姿を知るのにぜひご一読いただきたい。

（構成・ライター：大正谷成晴）

【お薦めの3冊】

『ドキュメント　戦争広告代理店　ー　情報操作とボスニア紛争』
高木　徹：著／講談社文庫／836円

『物語　ウクライナの歴史　ー　ヨーロッパ最後の大国』
黒川祐次：著／中公新書／946円

『ヨーロッパの分断と統合　拡大EUのナショナリズムと境界線　ー　包摂か排除か』
羽場久美子：著／中央公論新社／3300円

羽場久美子（はば・くみこ）
津田塾大学大学院単位取得満期退学。国際関係学博士。法政大学社会学部教授などを経て現職。

普通の人たちが虐殺に加担するとき

〔推薦者〕甲南大学 教授・田野大輔

ウクライナでのロシア軍の残虐さに、「ロシア人は私たちとは違う異常な人々だ」と考えてしまいがちだ。しかし、彼らも同じ人間である。上からの命令、大義名分の存在、現場の順応圧力など、戦争という状況は人をどこまでも残虐にする。ロシアの侵略は厳しく非難されるべきだが、ロシア人を悪魔化すべきではない。彼らも人間であり、状況によっては自分も同じことをするかもしれないと認識することが重要だ。そうした観点から本を選んだ。

いちばん読んでほしいのは、『普通の人びと』。ナチスによる大量殺戮の現場で何が起こっていたかを明らかにした画期的な著作だ。主役は、東欧の占領地域に送り込まれた警察予備大隊。教員やセールスマンなどの普通の人たちで、反ユダヤ主義イデオロギーを信奉しているわけでも、任務のための特別な訓練を受けたわけでもない。

この人たちが、何の準備もないままユダヤ人を捕らえて射殺するよう命じられる。隊長は涙ながらに任務の苛酷さを説明する一方で、耐えられない人は離脱しても構わないと告げた。だが隊員たちからすると、自分が離脱すればほかのメンバーに不快な任務を押し付けることになる。そこに生じる強い責任感によって、大半が任務を続ける。現場の状況によっては、誰もが虐殺者になる。その恐ろしさに、背筋が寒くなる。

『エルサレム〈以前〉のアイヒマン』。アイヒマンは、ナチスのユダヤ人政策の責任者で、職務上の立場から数百万人の大量殺戮に加担した人物である。冷酷非情な怪物と思われていたが、戦後逮捕され、エルサレムで裁判にかけられた彼の姿は、多くの人々の目に凡庸な小役人のように映った。

ところが、逮捕前に逃亡先で、元ナチスの仲間たちに自分の功績を誇らしげに語り、「ユダヤ人絶滅の任務を完遂できなくて残念だ」などと、反ユダヤ主義イデオロギーを信奉して自覚的に虐殺を指揮していたことを明かしていた。証言の記録を精査し、新しい見方を提示したのが本書だ。アイヒマン像が再び変わった。

『ポピュリズムとは何か』。トランプ現象や欧州の極右排外主義運動の台頭を背景に注目を浴びているのが、ポピュリズムだ。研究者の間にもさまざまな見方があるが、多くはポピュリズムの特徴を分析するもので、民主主義の新たな可能性を見いだす論者もいる。

本書はその本質を「反多元主義」に見いだし、民主主義を支える議会や司法などへの敵対的な姿勢を危険視する。自分たちは民意を代表するのだから、その実現を阻むものはすべて解体すべきだ、という排他的主張は民主主義の理念に逆行する。独裁や権威主義に転化しかねないポピュリズムの危険性を理解するうえで必読だ。

（構成・ライター：大正谷成晴）

【お薦めの3冊】

『増補・普通の人びと　ホロコーストと第101警察予備大隊』

クリストファー・R・ブラウニング：著／谷　喬夫：訳

ちくま学芸文庫／1760円

『エルサレム〈以前〉のアイヒマン　大量殺戮者の平穏な生活』
ベッティーナ・シュタングネト：著／香月恵里：訳
みすず書房／6820円

『ポピュリズムとは何か』
ヤン＝ヴェルナー・ミュラー：著／板橋拓己：訳
岩波書店／1980円

田野大輔（たの・だいすけ）
1970年生まれ。京都大学博士（文学）。専門は歴史社会学、ドイツ現代史。著書に『ファシズムの教室』など。

【バイデン政権の未来】

冷戦時代に戻った世界　米国はどこへ向かう

〔推薦者〕早稲田大学　教授・中林美恵子

冷戦終結後、私たちはポスト冷戦という新たな国際秩序の中にいたはずだった。ところが、ロシアによるウクライナ侵攻を機に、フェーズは完全に変わった。時計の針が冷戦時代に戻ってしまったという印象さえある。

米国ではバイデン政権発足から1年以上が過ぎて、リーダーシップを疑問視する声もある。米国のある調査では「トランプ氏が大統領なら今回の侵攻は起きなかった」と6割以上が答えている。実際はともかく、「そう思っている国民がいる」と推測したからこそ、このような問いが生まれたのであって、その事実こそが興味深い。

ウクライナに関しては、支援は必要だがアフガニスタンのように撤退まで20年もかかる軍事的介入は不要、と思う国民が多い。トランプ政権時は同盟国に厳しく対峙し、NATOに対しては「米国が搾取されている」と、国民の印象は悪かった。しかし、ウクライナ侵攻で「同盟国は大事にすべきだ」と意識は変わっている。

米国の人々の政治に対する見方が急激に変化してきたのではないか。国内では社会の分断と対立が修復されないままだ。さらにインフレが始まったうえ、犯罪数が増加傾向を見せている。

民主党政権を誕生させたとはいえ、米国全体がリベラルな方向に賛同しているわけではなく、バイデン大統領は国民をまとめきれていない。今年11月の議会の中間選挙以降はより厳しい政権運営を迫られる公算が大きい。

ケナンの名著から学ぶ

今後の米国政治・外交を考えるうえで、『アメリカ外交50年』は必読となる。大学で国際関係や安全保障を履修する人は絶対に読むべき本で、私も米国留学時に手に取った。1900年から50年間に及ぶ米国外交に触れ、冷戦構造の中で重要な支柱を打ち立てた著者ジョージ・F・ケナンの言葉は胸に響く。本書からは米国と激しく対立する中国との向き合い方についても示唆を得られるだろう。

米国外交史の専門家である西崎文子氏による『アメリカ外交史』も、かつて起きた出来事を並べてわかりやすく正確に書いており、良書だと思う。

拙著『沈みゆくアメリカ覇権』は、2020年の米大統領選挙直前に出版した1冊だ。大統領選を分析するとともに、米国とロシア、中国、さらには日本との関係についても記した。米国はもはや世界の警察ではない。日本人はそのことをきちんと理解しておかないといけない。

『ファンタジーランド』は500年という長期スパンで米国の国家の物語を描いた歴史書である。タイトルからしてそうなのだが、中身も実にシニカルにつづられている。今後の民主主義の行方を考えるヒントにもなりそうだ。

（構成・ライター：大正谷成晴）

【お薦めの3冊】

『アメリカ外交50年』
ジョージ・F・ケナン：著／近藤晋一、飯田藤次、有賀 貞：訳
船橋洋一：解説／岩波現代文庫／1452円

『沈みゆくアメリカ覇権　止まらぬ格差拡大と分断がもたらす政治』
中林美恵子：著／小学館新書／946円

『ファンタジーランド（上・下）　狂気と幻想のアメリカ500年史』
カート・アンダーセン：著／山田美明、山田 文：訳
東洋経済新報社／各2200円

中林美恵子（なかばやし・みえこ）
米連邦議会上院予算委員会スタッフとして国家予算編成に従事。政府審議会委員、衆議院議員を経て現職。

【米国の外交】

黒子に回る米国の思考を理解する

〔推薦者〕笹川平和財団　上席研究員・渡部恒雄

ロシアによるウクライナ侵攻において、米国は目立った動きをしていない。これまでは安易に米軍を派兵し、相手国より自国のほうが犠牲やコストを負っていたが、今回はまったく逆で、陰なる支援に徹しているのが大きな違いだ。

こうした動きは戦局に大きな影響を与えており、侵攻前からの米国による支援がウクライナの抵抗を支えているのは明白だ。早い段階から機密情報を公開することで、プーチン大統領を疑心暗鬼にさせ、軍の要人たちとの情報共有不足を招くなど、ロシアを攪乱した。それが戦線の乱れやロジスティクスの甘さにつながった。

「核復権」の時代に備える

一方、今回の侵攻に関連して、たびたび議論されるのが、ロシアによる核兵器使用についてだ。これまで安全保障のうえでは「使えぬ」兵器だったはずだが、プーチン大統領が「使用の恫喝」を繰り返したことにより、国際社会での懸念が一気に強まったのである。

残念ながら私たちは「核復権」の時代に備えなければならない。それを理解するために読んでおきたいのが『「核の忘却」の終わり』だ。2019年に刊行されたが、ここに来て手に取る人が増えている。編著の秋山信将氏は核不拡散、高橋杉雄氏は核抑止と安全保障論の専門家で、米国やロシア、中国、NATO、インド・パキスタン、日本などを取り巻く核兵器の現状と見通しを述べている。専門書だが、各国の事情がチャプターごとに完結しているので読みやすい。

今回は黒子に徹するなど、米国は時代に応じて戦略を変えている。その変遷を知るための良書が『帝国の参謀』だ。これは、冷戦時から戦略家として活躍したアンドリュー・マーシャルの評伝で、対ソ戦略から対アジア、さらに対中戦略についても書かれている。今のバイデン政権が何を考え、何を実行しようとしているのかが理解できる。物語形式になっているのでハードルは高くない。

ヘンリー・A・キッシンジャーの『外交』。米国史における外交や安全保障の両輪はリベラリズムとリアリズムであり、それは今も変わらずに政策の根底を支える。軍事力という力の裏打ちなくして外交はならず。古典的な部分もあるが、米国の外交や安全保障を理解するための良書といえる。

緊張化する米中関係を知るには『イースタニゼーション』（ギデオン・ラックマン：著／小坂恵理：訳）もお薦めだ。政治、経済などの重心が、欧米からアジアへとシフトするのがイースタニゼーション。中国の台頭と米国の衰退のトレンドがよく理解できる。

筆者も関わった『防衛外交とは何か』（渡部恒雄、西田一平太：編）は、冷戦後の新しい潮流である「防衛外交」などについて、新進の研究者や防衛省・自衛隊の元幹部が正面から論じている。

（構成・ライター：大正谷成晴）

【お薦めの3冊】

『「核の忘却」の終わり　核兵器復権の時代』

秋山信将、高橋杉雄：編／勁草書房／4180円

『帝国の参謀　アンドリュー・マーシャルと米国の軍事戦略』

アンドリュー・クレピネヴィッチ、バリー・ワッツ：著

北川知子：訳／日経BP／3080円

『外交（上・下）』

ヘンリー・A・キッシンジャー：著／岡崎久彦：監訳

日本経済新聞出版／各3098円

渡部恒雄（わたなべ・つねお）

米戦略国際問題研究所で安全保障などを研究。三井物産戦略研究所などを経て、2017年から現職。

【中国の今後】

格差が広がる大国の明と暗を想像する

〔推薦者〕現代中国研究家・津上俊哉

2022年4月初めのオンライン外相会談で、ウクライナは中国に停戦仲裁を再度要請した。ロシア寄りのスタンスを変えない中国への介入要請には、ウクライナの早期停戦への切実さがうかがえる。

しかしロシアの残虐行為により、西側は制裁をさらに強化、戦争犯罪の追及という論点も加わった。停戦への介入は難しく、中国は今後も中立的な立場を取らざるをえないだろう。

ウクライナ侵攻の背景には米国が「世界の警察官」を降りたことがある。グローバリゼーションと自由貿易体制の急速な縮小と併せ、冷戦後30年続いた米国主導の国際秩序は大きく揺らいでいる。

２０２０年以降、米国がコロナ禍で数十万人の死者を出したことや、連邦議会議事堂の占拠事件により、中国人は米国を「衰退した国」と見下し始めた。そして、時間は中国に味方し、いずれ米国に勝つ、という楽観が生まれている。だが、本当にそうなるだろうか。


『暴力と不平等の人類史』は、貧富の格差の拡大は経済の必然だが、その限界が来ると戦争、革命、国家・体制の崩壊、疫病のいずれかが起こり、格差がリセットされる一方で、社会は破滅的な損害を被る、人類はそれを繰り返してきた、と説く。貧富の格差が招いた国内の分断によって衰退しつつある米国、持つ者と持たざる者との格差が大きく広がる中国。その先を考えるうえで示唆に富む。

中国のＩＴ産業を描いた『プロトタイプシティ』は明るい側面を見せる。中国ではオープンソースでの開発環境が主流で、豊富な理系人材が自由に参画し、技術開発を加速させる。各プラットフォームは党の厳しい統制下に置かれているが、開発現場は開放的で分権的、民主的だ。これも中国の1つの素顔である。

だが、中国経済の成長を支えてきた不動産や投資、「暗黙の政府保証」は富の分配を歪め、今や成長を殺す要因になりつつある。これまでのような高成長は不可能だろう。また、米中のみならず主要国すべてが膨大な債務を抱える今、金利上昇が起これば、国家財政は大きく傷む。

そこに「グレート・リセット」が起これば、主権国家の枠組み自体が衰退し、世界は大きく姿を変えるのではないか。『米中対立の先に待つもの』では、データを基に中国の抱える課題を分析したうえで、そんな未来を予想する。

中国は独特の歴史をたどってきた特殊な構造を持つ国だ。そのユニークさを知ることが、中国を理解するうえでは不可欠だ。16世紀以降の中国史から現代中国の姿を説得力ある形で解き明かす岡本隆司『近代中国史』(ちくま新書)、家父長制を軸に、猜疑的で警戒的な中国の国際関係観を読み解く益尾知佐子『中国の行動原理』(中公新書)も併せてお薦めしたい。


(構成・ライター:勝木友紀子)

【お薦めの3冊】

『暴力と不平等の人類史　戦争・革命・崩壊・疫病』

ウォルター・シャイデル：著／鬼澤　忍、塩原通緒：訳

東洋経済新報社／5940円

『プロトタイプシティ　深圳と世界的イノベーション』

高須正和、高口康太：編著／澤田　翔、藤岡淳一、伊藤亜聖、山形浩生：著

KADOKAWA／2640円

『米中対立の先に待つもの　グレート・リセットに備えよ』

津上俊哉：著／日本経済新聞出版／1980円

津上俊哉（つがみ・としや）

1957年生まれ。80年東京大学法学部卒業、通商産業省入省。津上工作室代表、日本国際問題研究所客員研究員。

独特の行動の裏にある理論や目的を読み解く

〔推薦者〕南山大学　教授・平岩俊司

北朝鮮は2022年に入ってからも頻繁にミサイル発射を繰り返しており、核実験を再開するともいわれている。この動きは、2021年1月の党大会とその後の国防力強化5カ年計画で打ち出した、国防力強化の方針に沿ったものだ。その狙いは、大陸間弾道ミサイル（ICBM）の打撃力の強化や戦術核兵器の開発などによる、より精緻で体系的な対米安全保障政策の完成にあると思われる。

私たちが気をつけなくてはいけないのは、北朝鮮の行動を「狂気」や「挑発」といったレッテルで簡単に片付けてしまうことだ。核開発でいえば、1980年代の核疑惑から06年の最初の核実験まで、彼らは着実に計画を進めてきた。彼らには彼らなりの理屈や、明確な目的、イメージがあり、それを執拗に、計画的に追求している。その恐ろしさを軽視してはならない。

ただ、彼らの意図や目標を理解する必要はあるが、それを受け入れるのとはまったく別の話だ。私たちに受け入れられない部分は断固拒否し、抗議すべきなのは言うまでもない。

その北朝鮮を理解するうえでまず推薦したいのは『北朝鮮　首領制の形成と変容』だ。北朝鮮独特の「首領制」を軸に政治体制を論じる研究書で、前半は92年出版の『北朝鮮　社会主義と伝統の共鳴』（東京大学出版会）がそのまま収められている。北朝鮮から出る情報が非常に限定されていた時期に、公開された文献からその閉鎖された社会・政治空間を読み解くアプローチで書かれた、北朝鮮研究の古典的名作だ。

後半の追加部分は前半とはアプローチが異なり、脱北者の修士・博士論文なども用いる。その背景には、脱北者が増加し、そこから大量の情報が得られるようになったことがある。こうした変化も含め、北朝鮮を知るうえで重要な1冊である。

見えにくい実像に光

外国人が北朝鮮を訪れても、その行動は大きく制限され、社会の実像に迫ることは非常に難しい。文化人類学者である『北朝鮮人民の生活』の著者は、脱北者の手記を用いて、北朝鮮の人たちが何を考え、どう生活しているのかを再構成する。平壌だけでなく、地方での生活も扱っており、これまで知ることのできなかった北朝鮮の生活、経済、社会の実態を明らかにする、画期的な研究成果だ。

学術書である上記2冊と異なり、撮り下ろしの写真や図版がふんだんに使われた『巨人の箱庭』は、ビジュアルから今の北朝鮮を理解するのに役立つ。

著者は独自の都市論から平壌を「箱庭都市」「人類最後のガラパゴス都市」として読み解く。本書に取り上げられた近未来的な建築、平壌のビル群、肖像画、ポスター、少女などの姿からは、閉鎖された都市として捉えられがちな平壌のイメージを新たにすることができるだろう。

（構成・ライター：勝木友紀子）

【お薦めの3冊】

『北朝鮮　首領制の形成と変容 ― 金日成、金正日から金正恩へ』

鐸木昌之：著／明石書店／3080円

『北朝鮮人民の生活　脱北者の手記から読み解く実相』

伊藤亜人：著／弘文堂／5500円

『巨人の箱庭　平壌ワンダーランド』

荒巻正行：著／駒草出版／2750円

平岩俊司（ひらいわ・しゅんじ）

1960年愛知県生まれ。東京外国語大学朝鮮語学科卒業。著書に『北朝鮮はいま、何を考えているのか』など。

『13歳からの地政学』著者が選ぶ

子どもの知的好奇心を高める本

国際政治記者・田中孝幸

10代の子どもを持つ多くの親なら同意してもらえると思うが、彼らはとても忙しい。受験勉強に部活や恋愛、スマホにかかりきりで、意識的に本に向かう習慣を持っている人はまれだ。そして、彼らには権威も通用しない。著者がどんなに立派な肩書を持っていても、面白くなければ手に取らないという正直さがある。

知識の詰め込みに疲れた彼らに、いま流行の地政学に関連してどんな本をお薦めできるだろうか。私は①誰もが一気読みできるような読みやすさ、②本質的な問題を扱っている、③知識を得たり、考えたりする意欲をかき立てる、の3条件を満たす必要があると考える。

その観点から、私が薦めたいのが、19世紀ドイツの哲学者ショーペンハウアーの『読書について』だ。ドイツの哲学者というとカントやヘーゲルの難解さを連想し、心理的に引いてしまう向きもあるが、同書は何よりシンプルで読みやすい。金言が詰まった小文が並べられていて、読者にとってどのページからでも出入りできる気安さもある。

3篇の文章で構成されていて、表題にもなっている「読書について」は「良書を読むための条件は、悪書を読まないことだ」などの名言で知られている。ただ、私は冒頭に置かれている「自分の頭で考える」というタイトルの20ページの小編をあえて推したい。

「いかに大量にかき集めても、自分の頭で考えずに鵜呑みにした知識より、量はずっと少なくとも、じっくり考え抜いた知識のほうが、はるかに価値がある」。大量の情報を扱う仕事を長年続けていると、こういう文章にとくに心を打たれる。人の考えを操作しようとするフェイクニュースが氾濫する世界に、今後、子どもたちは羽ばたいていく。そんな中で自分の頭で考える大事さがわかるように導くことほど、親が子どもに贈ることができるプレゼントはないだろう。

『杉原千畝　情報に賭けた外交官』も自分の頭で考え抜くことがどれほど人のためになるか考えさせてくれる良書だ。第2次大戦中のリトアニアで外務省の指示に背いてユダヤ難民にビザを発給し、約6000人を救った外交官の伝記である。杉原氏が情報分野の日本屈指のプロフェッショナルでもあったことも明らかにされている。

「命のビザ」の発給は短期的な人道的配慮だけでなく、自ら培った国益についての信念に導かれた行動だったことも詳述される。人道的な偉業はほぼつねに、その温かさと対照的な冷徹さに支えられるという歴史の真実を示している。

一気読みできる地政学本

最後に薦めたいのは自著『13歳からの地政学　カイゾクとの地球儀航海』だ。高校生、中学生の兄妹と年齢不詳の男「カイゾク」との会話を軸にした物語形式で、国際政治や経済のさまざまな側面を学べる内容にしている。ホモ・サピエンスとしての人間は同じだが、生まれ落ちた土地や国によって行動様式や考え方が大きく変わってくる。本書にはそんな世界の面白さを知ってほしいという思いに加え、人間の偏見や憎悪を利用しようとする勢力に子どもたちがだまされないようにしたいとの願いを込めた。あらゆる世代に一気読みしていただけたら著者にとって望外の喜びである。

【親から子に薦めたい3冊】

『読書について』

ショーペンハウアー：著／鈴木芳子：訳
光文社古典新訳文庫／817円

『杉原千畝　情報に賭けた外交官』

白石仁章：著／新潮文庫／649円

『13歳からの地政学　カイゾクとの地球儀航海』
田中孝幸：著／東洋経済新報社／1650円

田中孝幸（たなか・たかゆき）
新聞記者として政治部、モスクワ特派員など20年以上のキャリアを積み、40カ国以上で取材。

「最悪」の事態を想定し古典的文献から学ぶ

〔推薦者〕社会学者・橋爪大三郎

軍事学の古典『戦争論』は地政学を考えるうえでの基礎だ。「陸戦では、兵力（人数）が勝敗を決める」「要塞を攻める場合、攻撃側は数倍の兵力を必要とする」などが重要な原則だ。

古典的な地政学でいえば、ドイツ、ロシア、フランスは強力な陸軍が必要である。英国、米国は海軍があればよい。海に囲まれた日本も海軍が大事だが、ロシアを念頭に大陸に拠点を置いたため、陸軍もと欲張った。日露戦争に勝ったおかげで、軍部が暴走を始めたのだ。戦略のないまま中国に侵攻し、ソ連と戦うはずが、展望のない対米英戦争へと追い詰められていった。地政学の研究が足りないとこうなる。

日本の骨格を知る

『9条入門』は、日本国憲法と日米安全保障条約の関係から、戦後日本の骨格を描いていて必読だ。

米国は軍国日本の牙を抜くため憲法9条を制定した。だが冷戦になり、日米安保条約を抱き合わせにした。米軍基地はソ連に牙をむく拠点だ。今は中国や北朝鮮に牙をむく。地域の安全保障に不可欠なピースではある。

日本国憲法は当初、国連による安全保障を想定していたが、機能するはずもない。それを肩代わりしてきた米国が、いつまでも日本を防衛するのか。例えば北朝鮮が日本にミサイルを撃ち込んだら、米国は本気で反撃するのか。何しろ北朝鮮の核ミサイルはワシントンに届くのだ。

米国が信頼できなくなれば、日米安保は空洞化する。核武装を求める声も出るだろう。幼児にピストルを持たせるようで心配だ。

『中国ｖｓアメリカ』は、中国共産党帝国の本質と、米中衝突の必然を述べている。

台湾侵攻も近い。中国は侵攻を、国内問題だと主張する。中国の戦闘機数は台湾の5倍である。さらに中国のミサイル、空母キラーの射程内に米国の空母打撃群が入れなければ、中国は制空権を握り、台湾上陸作戦を展開できる。嘉手納基地も攻撃され、日本は戦争当事国となる。

今のような中国共産党の政権が続く限り、台湾侵攻は必ず起こるはずだ。あとはタイミングの問題である。米軍や自衛隊の装備を更新して予算も増やし、体制を整える。台湾に反撃用のミサイルを供与すべきだし、上陸作戦を阻止するための潜水艦も増強すべきだろう。今すぐ備えを進めなければならない。

（構成・ライター：勝木友紀子）

【お薦めの3冊】

『戦争論（上・下）』

クラウゼヴィッツ：著／清水多吉：訳／中公文庫／各1415円

『9条入門（「戦後再発見」双書8）』

加藤典洋：著／創元社／1650円

『中国 vs アメリカ　宿命の対決と日本の選択』

橋爪大三郎：著／河出新書／990円

橋爪大三郎（はしづめ・だいさぶろう）

1948年神奈川県生まれ。大学院大学至善館教授、東京工業大学名誉教授。

クモの糸を解きほぐす資源争奪戦の地図

〔推薦者〕資源・食糧問題研究所 代表・柴田明夫

ウクライナ侵攻は、原油をはじめとするエネルギーの安全保障にも大きく関わる。侵攻を契機にWTI原油先物価格は瞬間的に1バレル＝130ドルまで上昇、その後も高値警戒感は継続している。

しかしエネルギー高騰の懸念は今に始まった話ではない。2015年のパリの「国連気候変動枠組み条約締約国会議（COP）」で採択された「パリ協定」以降は原油・化石燃料関連企業からの投資撤退、ESG企業への投資が加速し、脱炭素が世界的に本格化した。

一方、国際エネルギー機関（IEA）が21年5月に発表した「Net Zero by 2050」

では、現在使用している天然ガスの50%、石油の25%は残り、OPECなど在来型の石油資源を持つ国のウェートも高まるという。石油需要は将来的に減少するが、それ以前に原油の生産量が減り、需給が逼迫する流れの中で、原油価格は長期的に上がる傾向にある。ウクライナ侵攻はこの流れにダメ押しする格好だ。

加えて、18年に中国・上海で人民元建て原油先物取引が始まるなど、原油取引をドル建てで行うペトロダラー体制に挑戦する動きも見られる。中国はインドとともにロシアへの経済制裁に消極的であり、今後はユーラシア大陸での影響力を背景に中国のパワーがさらに増していく可能性がある。原油はマーケットで取引されるよりも戦略物資として国家間で取引されるようになる。価格は高止まりとなり、1バレル＝100ドル時代が到来するかもしれない。

パイプラインの真実

こうした流れの中で読んでおきたいのは『新しい世界の資源地図』だ。エネルギーに関する壮大な歴史をかいつまみつつ、今日までにクモの糸のように交錯しながら広がる要素をうまく解きほぐしている。そうなると次を想像したくなるもので、私は先に挙げたように中国の台頭が最大のポイントだと思っている。

『パイプラインの政治経済学』も面白い。パイプラインはネットワーク型のインフラであり、地政学リスクを前提に造られている。周知のとおり、ロシアからウクライナ、欧州の主要国へは、パイプラインを通じて天然ガスが供給されている。そうしたエネルギー事情の詳細を理解するうえでも役に立つ本である。

物理学教授のリチャード・ムラー氏による『エネルギー問題入門』はシェール革命や地球温暖化、電気自動車など、エネルギーを取り巻く問題の全体像をわかりやすく解説している。『コロナ後を襲う世界7大危機　石油・メタル・食糧・気候の危機が世界経済と人類を脅かす』（柴田明夫、中田雅彦、大場紀章、星野克美：著）は将来の石油やメタル、食糧危機などについて、徹底議論した内容をまとめた。

（構成・ライター：大正谷成晴）

【お薦めの3冊】

『新しい世界の資源地図　エネルギー・気候変動・国家の衝突』
ダニエル・ヤーギン：著／黒輪篤嗣：訳／東洋経済新報社／3520円

『パイプラインの政治経済学　ネットワーク型インフラとエネルギー外交』
塩原俊彦：著／法政大学出版局／4950円

『エネルギー問題入門　カリフォルニア大学バークレー校特別講義』
リチャード・ムラー：著／二階堂行彦：訳／楽工社／2090円

柴田明夫（しばた・あきお）
1976年東京大学農学部卒業。丸紅に入社し、2010年4月から丸紅経済研究所代表。11年10月から現職。

現代ロシア研究書で衝突影響をイメージ

〔推薦者〕ロシアＮＩＳ経済研究所所長・服部倫卓

２０２２年２月２４日にロシアのプーチン政権がウクライナへの軍事侵攻を開始し、国際秩序が大きく揺らいだ。

ウクライナは世界一のひまわり油輸出国で、トウモロコシや小麦の輸出量も世界屈指。日本は直接的にはそれほど輸入していないが、同国からの供給が途絶すれば、世界的な食料需給の逼迫に拍車がかかり影響がある。ウクライナは半導体製造に欠かせない希ガス、とくにネオンの生産国としても知られ、その面での影響も不安視されている。

展望を描けない日本

日本経済にとってもとくに影響が大きいのは、欧米日が打ち出した対ロシア経済制裁である。ロシアは石油・天然ガスだけでなく、石炭、鉄鉱石・鉄鋼、アルミニウム、パラジウム、ニッケル、白金、穀物、木材、水産物などの世界的供給国。その国を経済的に封じ込めようとしているわけだから、影響は多方面に及ぶ。

こうした事態を受けて、改めて痛感するのは、地域研究の重要性である。ロシアのプーチン大統領はロシア人とウクライナ人の民族的一体性を主張し、ロシア系住民を保護すると称して軍事作戦を発動、国際社会はこれに経済制裁で応じた。このような事象を読み解き、展望を描くうえでは、歴史、文化、政治、軍事、経済の知見を総動員しなければならない。ところが、日本の学術世界では経済学、政治学といったディシプリン（学問分野）が絶対で、それらを統合する地域研究が軽んじられている。

そうした中で、非常に重宝するのが、明石書店の『エリア・スタディーズ』というシリーズ。シリーズは１８０点を超え、主立った国はほとんど網羅されている。ここでは代表して下斗米伸夫・島田博（編著）『現代ロシアを知るための60章【第2版】』を挙げておこう。同シリーズからは、ロシア歴史編、ウクライナ編も出ている。

ウクライナをめぐる紛争は、同国のEU（欧州連合）およびNATO（北大西洋条約機構）加盟問題を背景に発生した。広瀬佳一（編著）『現代ヨーロッパの安全保障－ポスト2014：パワーバランスの構図を読む』は、今回の戦争をそうした観点から理解するうえで、格好の入門書だ。

六鹿茂夫（編）『黒海地域の国際関係』も、推薦しておきたい一冊だ。名古屋大学出版会は、一見堅そうなイメージに反して、一般にも読みやすい良書を刊行している。NATO、EUが拡大を遂げ、ロシアも巻き返しを図り、その両者がぶつかり合うことになったのが、黒海地域であった。この本には、黒海というエリアをさまざまな角度から分析した論考が載録されている。筆者も「輸送・商品・エネルギーの経済関係－ロシアとウクライナの角逐を中心に」を寄稿した。ロシアとウクライナが軍事的に衝突したら国際経済にどのような打撃が及ぶか、そのヒントを示した内容になっている。

【お薦めの3冊】

『現代ロシアを知るための60章【第2版】』
下斗米伸夫、島田 博：編著／明石書店／2200円

『現代ヨーロッパの安全保障 ポスト2014：パワーバランスの構図を読む』
広瀬佳一：編著／ミネルヴァ書房／3300円

『黒海地域の国際関係』
六鹿茂夫 編／名古屋大学出版会／6930円

服部倫卓（はっとり・みちたか）
北海道大大学院文学研究科博士後期課程修了。在ベラルーシ日本大使館専門調査員等を経て20年から現職。

【生活経済】

インフレ発生のとき取るべき行動とは

〔推薦者〕経済評論家・加谷珪一

4月から食料品を中心に多くの商品が値上げされるなど、長くデフレが続いてきた日本でもインフレ傾向が顕著となりつつある。インフレというのは厄介で、ひとたび物価上昇が本格化すると、それを抑え込むのは難しい。日本が本格的なインフレに転換するのかはまだわからないが、膨大な政府債務や円安、原油価格高騰による経常収支の悪化など、インフレ要因は少なくない。過度なインフレが発生したとき、私たちはどう行動すべきなのか、今から考えておいて損はない。

物価というのは、わかっているようでわかっていない領域であり、専門家でも完璧な知見を持っている人は少ない。物価研究の第一人者である渡辺努氏の『物価とは何か』は、物価について体系的にわかりやすく解説した数少ない書籍である。

経済危機で何が起きる?

渡辺氏によると、物価というのは夏の水辺などで観察される蚊の群れ（蚊柱）のようなものだという。それぞれの蚊はバラバラに動いているように見えて、全体としては1つの物体を形成している。物価も同じで、個別の財やサービスの動きは相互に関連がないように見えるが、全体としては大きな流れが存在する。物価がどのようなメカニズムで形作られるのか、何が物価を動かしているのかなどの基本から始まり、物価は制御できるのか、日本はなぜデフレから脱却できなかったのかなど、本質的なテーマについて、多くのデータと共に鮮やかに解説する。

元日銀マンらしく、物価安定が重要という立場だが、時に経済は人々の予想を超える動きを見せる。経済が危機的な状況に陥ったとき何が起こるのか、私たちは知っておいたほうがよい。

こうした疑問に対して明確な答えを示してくれているのが、宮崎成人氏の『教養としての金融危機』である。この本は過去100年間に発生した9つの危機について、ストーリー仕立てで解説したものである。具体的には世界恐慌やドルと金の兌換停止（ニクソンショック）、オイルショックによるインフレ、途上国の債務危機、アジア通貨危機などである。文章は平易で、学術的な用語は極力避けられているので、スムーズに読み進められる。しかし、内容は相当に高度であり、本書を通読できればちょっとした教養人になれるのは間違いない。何より将来、起きるかもしれない経済危機について、網羅的に理解できるのは非常に心強い。

実生活に即した形でインフレ対策について考えたいという人には、『家計崩壊』がお薦めである。インフレが発生したとき、家計にはどんな影響が及ぶのか、貯蓄や投資はどうすべきなのか、マイホームや保険はどう選択すればよいのか、徹底的に消費者目線で解説している。2007年初版と少し古いが、電子書籍で読むことができるし、何よりここまで体系的に家計のインフレ対策について解説した書籍はそう多くない。

【お薦めの3冊】

『物価とは何か』

渡辺 努：著／講談社選書メチエ／2145円

『教養としての金融危機』

宮崎成人：著／講談社現代新書／968円

『家計崩壊 「見えないインフレ」時代を生きる知恵』

深野康彦：著／講談社＋α新書／880円

加谷珪一（かや・けいいち）

日経BP社で記者として活躍。野村証券系投資ファンド運用会社に転じ、企業評価などに従事した後、独立。

未来の生活の予測にはSF的な発想も必要

〔推薦者〕作家・ジャーナリスト　佐々木俊尚

DX（デジタルトランスフォーメーション）という用語がさかんに使われ、どこの企業でも「DXを推進しよう」というスローガンが掲げられている。しかしDXが示すデジタルの意味をきちんと理解できている人は、案外と少ないのではないか。

とくに目につくのが、IT（インフォメーションテクノロジー）やさらに古いOA（オフィスオートメーション）との混同である。前者は2000年代、後者は1970年代から使われている用語だが、どちらも意味は似ている。一言で言えば「ビジネスのプロセスをデジタル化すること」だ。

例えば、それまでは郵便で行っていた伝達をファクスに変更し、さらには電子メールやメッセンジャーアプリにする。紙で保存していた文書を、デジタルデータに変える。保存先もハードディスクからクラウドに変更するなどだ。

根本を変えるDX

DXはそれらとは異なり、AI（人工知能）やビッグデータなどデジタルの力によって「ビジネスのプロセスそのものを変更する」ことである。例えば自動車産業は、AIによる完全自動運転が実現すれば、単なる製造業から、円滑な交通システムを担うビジネスに変貌するかもしれない。そういう地平まで見通し、実現への道のりを考えていくのがDXだ。では、実際にDXがどう生活を変えていくのか、それを読み解く5冊の本を紹介していきたい。

まず、デジタルが何を可能にするのかを見通すには『データの見えざる手』が非常にわかりやすい。著者は日立製作所でセンサーを使って人間の行動を解析し、それが幸福度や仕事にどう影響を与えているのかを研究してきた。知らない人には非人間的で冷たく感じられるデータの技術が、実は人間性を逆に浮かび上がらせる力を持っているという話には、心ときめくものがある。「テクノロジーは人を幸せにしない」といった言説は今も日本に根強いが、テクノロジーの持つ力はそういうクリシェ（決まり文句）を吹き飛ばし、私たちをさらに「人間的」にしてくれる潜在可能性を持っている。

『ホモ・デウス』は、『データの見えざる手』とはある意味で真逆な視点から、ネガティブな可能性も踏まえてデジタル時代の未来を予測した本である。上下2巻の分厚さに恐れをなすが、読み始めれば同じ著者の世界的ベストセラー『サピエンス全史』と同様に、思いきりのめり込んでしまう刺激的な面白さを持っている。人類は幸福と不死を求めて文明をつくり、科学技術を発展させてきた。その先にはサイボーグ技術やコンピューターとの一体化によって、人間はますます神のような存在になっていく。その先の人類を著者はホモ・デウス（神の人）と呼んでいる。そこではＡＩによるデータの解析によってあらゆることが決定され、人間の意思が関与する必要さえなくなっていく。さらに大半の労働はＡＩとロボットに代替され、働く必要もなくなる。そうなった先に人間の「価値」はどうなるのだろうか？　というのが同書のテーマである。巨視的だが、デジタル時代を根本から考えるのであれば、このぐらいの発想の飛躍を持てる余裕は持っておきたい。

『人工知能と経済の未来』は、ＡＩが経済や社会に与える影響を気鋭の経済学者が解説した書籍である。ＡＩやロボットによってさまざまな職業が奪われるということは最近よく言われているが、これをベーシックインカムの可能性にまで踏み込んで論じている。論理に破綻がなく、丁寧に説明を積み重ねていて納得感の高い好著だ。とくに終盤、どんなにテクノロジーが進化しても人間の仕事として残っていくのは、人と人のコミュニケーションやホスピタリティー（おもてなし）であると指摘しているのは慧眼（けいがん）である。

デジタルとアナログ、テクノロジーと自然は対比して語られがちだ。しかし『デジタルネイチャー』は、そうした対比は無意味であると説く。例えば「アナログレコードの音は、デジタルの音源よりも自然」といったステレオタイプな言い方がよくされるが、最新のテクノロジーは人間の耳の可聴領域を超えた音域までをも録音できるまでになっている。つまりデジタルのほうが従来の「人間的」なアナログよりも自然に近いという地点にまで進んでいるのだ。

それを著者はデジタルネイチャー（デジタルな自然）と呼ぶ。デジタルとアナログについてのステレオタイプな理解を吹っ飛ばしてくれる名著である。

『ネオ・ヒューマン』は、英国のロボット研究者が難病のALS（筋萎縮性側索硬化症）と診断され、自分の身体が動かなくなってしまう前に、先んじて自分の身体機能を機械に移植するという先進的な試みを行い、その一部始終を記した内容だ。例えば声を出すのが難しくなる前に、自分の音声を録音して再生できるようにし、さらに死後に備えて自分のパーソナリティーの特徴をAIに解析させ、「自分がしゃべりそうなこと」を文章として作成させている。終盤は自分自身がAIとなり、メタバースの世界を自由自在に動き回るビジョンが描かれている。

極めてSF的な雰囲気をまとったノンフィクションだ。しかし、ツールや媒体だけでなく、プロセスや仕組みそのものまでもが本質的に変化していくデジタル時代には、

ＳＦ的な思考が求められてきている。ＳＦ作家の想像力を企業のビジョンに生かそうというビジネスまで始まっているほどだ。同書のような飛躍する思考は、これからのデジタル時代に必要なものの１つになるだろう。

【お薦めの５冊】

『NEO HUMAN　ネオ・ヒューマン　究極の自由を得る未来』

ピーター・スコット－モーガン：著／藤田美菜子：訳

東洋経済新報社／１８７０円

ロボット研究者である著者が、難病のＡＬＳと診断されたことをきっかけに自らサイボーグとして生きる決意をする。本書は体内への機械の移植など、サイボーグ化の一部始終を記録した内容。医療とＡＩが融合した最先端の医療技術の現状を読み取ることができる。

『デジタルネイチャー生態系を為す　汎神化した計算機による侘と寂』

落合陽一：著／ＰＬＡＮＥＴＳ／３０８０円

著者はメディアアーティストである落合陽一筑波大学准教授。「機械と自然が融合する時代が始まる」とし、テクノロジーの進化でデジタルでも自然な表現が可能になる「デジタルネイチャー」の時代になると指摘。それによってどんな未来になるかを予測した1冊。

『人工知能と経済の未来　2030年雇用大崩壊』

井上智洋：著／文春新書／８８０円

経済学者でＡＩ研究者でもある井上智洋駒沢大学准教授が２０１６年に刊行した1冊。ＡＩが進化することによって経済社会と暮らしがどう変わっていくかを予測する。ＡＩ化で人間の仕事が奪われるとし、最低限の収入を保障するベーシックインカムなどの必要性を説く。

『ホモ・デウス　テクノロジーとサピエンスの未来（上・下）』

ユヴァル・ノア・ハラリ：著／柴田裕之：訳
河出書房新社／各2090円

イスラエルの歴史学者ユヴァル・ノア・ハラリ氏が、世界的ベストセラー『サピエンス全史』に続き刊行した書籍。地球の支配者となった人類がデジタル化の進展でどう進化するのか、『サピエンス全史』の最終章で触れられていた内容をより踏み込んで書いている。

『データの見えざる手　ウエアラブルセンサが明かす人間・組織・社会の法則』

矢野和男：著／草思社文庫／935円

日立製作所に勤める著者が装着型のセンサーを使って職場にいる社員の行動を測定。それをデータ化、ＡＩで分析し、その結果を基に人間や組織・社会の行動の法則を導き出した。生産性向上につながるヒントも盛り込まれており、組織マネジメントの参考書にもなる。

佐々木俊尚（ささき・としなお）

１９６１年生まれ。早稲田大学政治経済学部中退。毎日新聞記者、『月刊アスキー』編集部を経て、２００３年フリーに。

お薦めの5冊

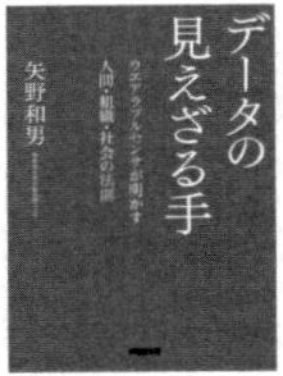

データの見えざる手 ウエアラブルセンサが明かす人間・組織・社会の法則

矢野和男 著／草思社文庫／935円

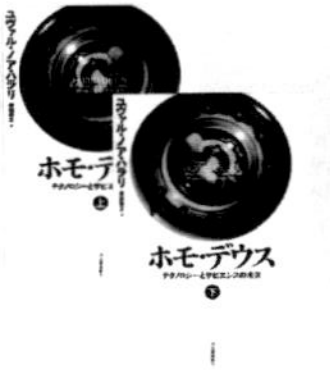

ホモ・デウス テクノロジーとサピエンスの未来(上・下)

ユヴァル・ノア・ハラリ著／柴田裕之 訳／河出書房新社／各2090円

人工知能と経済の未来 2030年雇用大崩壊

井上智洋 著／文春新書／880円

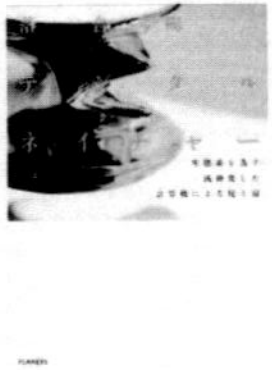

デジタルネイチャー 生態系を為す汎神化した計算機による侘と寂

落合陽一 著／PLANETS／3080円

NEO HUMAN ネオ・ヒューマン 究極の自由を得る未来

ピーター・スコット-モーガン 著／藤田美菜子 訳／東洋経済新報社／1870円

【ブルシット・ジョブ】

資本主義維持のために「余計な仕事」が増える

〔推薦者〕大阪府立大学 教授・酒井隆史

意味のない書類作成など、必要性を疑問視する業務に取り組む人は少なくないだろう。そんな仕事を「ブルシット・ジョブ（クソどうでもいい仕事）」と名付け、無益な仕事が生まれる理由を分析した本が、世界中で大きな反響を呼んだ。効率化、合理化が進む今の企業社会では、むしろブルシット・ジョブが増殖している。

論じたのは文化人類学者デヴィッド・グレーバー。日本でも2020年に翻訳書が公刊され、多くの共感を生んだ。私は同書の翻訳を担った一人でもある。

グレーバーはブルシット・ジョブを「被雇用者本人でさえ、その存在を正当化しがたいほど、完璧に無意味で、不必要で、有害でさえある有償の雇用の形態」と定義する。加えて本人がその状況を取り繕うよう余儀なくされることを指摘。要は、〝やっている感〟を出さなければならないわけだ。結果、仕事にやりがいを感じず、精神的に苦しむ。そんなブルシット・ジョブ論をもっと読み解くための本を紹介したい。

労働時間短縮は実現せず

『説得論集』は経済学者であるジョン・メイナード・ケインズのエッセー集。同書の中に、1930年に書かれた「孫の世代の経済的可能性」という有名な作品がある。そこで「20世紀末までに、テクノロジーの進歩によって週15時間労働が達成されるだろう」と予言している。技術革新が進めば、生産のために労苦を費やす時間が減り、人々が労働から解放される未来を描いた。しかしその予言は外れた。資本主義制度を維持するには「雇用の創出」が必要となり、ブルシット・ジョブの増殖・蔓延にもつながっている。

ケインズと同様のビジョンを描いていたのがカール・マルクスだ。晩年発表した

『ゴータ綱領批判』で提示された「能力に応じて働き、必要に応じて受け取る」をひもとくとわかる。高次の共産主義社会が確立すればそれが実現でき、対価を目的とした奴隷的労働から解放されるとした。

一方、『相互扶助論』の著者でロシアの無政府主義者のピョートル・クロポトキンは2人とは異なる考え方を示す。彼はダーウィンの進化論を支持し、生存競争のあり方を突き詰め、根本には相互扶助の精神があることを論証した。競争社会で生きる人間もしかりで、利他的行動を本質としている。

ただグレーバーは「資本主義とは、基盤にあるコミュニズムの悪い組織化である」と述べる。そこには相互扶助の精神を逆手にとる企業の姿がある。

ブルシット・ジョブ論を読み救われたという声を多く聞いた。働き方、生き方の根源を説くこれら古典に当たることは、同様の効果をもたらしてくれるかもしれない。

（構成・ライター：百瀬康司）

【お薦めの3冊】

『ケインズ説得論集』
ジョン・メイナード・ケインズ：著／山岡洋一：訳
日経ビジネス人文庫／１４３０円

『ゴータ綱領批判』
マルクス：著／望月清司：訳／岩波文庫／７２６円

『〈新装〉増補修訂版相互扶助論』
ピョートル・クロポトキン：著／大杉　栄：訳／同時代社／３３００円

酒井隆史（さかい・たかし）
１９６５年生まれ。早稲田大学大学院修了。専門は社会思想、都市史。著書に『通天閣　新・日本資本主義発達史』など。

お薦めの3冊

ケインズ 説得論集

ジョン・メイナード・ケインズ 著／山岡洋一 訳／日経ビジネス人文庫／1430円

ゴータ綱領批判

マルクス 著／望月清司 訳／岩波文庫／726円

〈新装〉増補修訂版 相互扶助論

ピョートル・クロポトキン 著／大杉 栄 訳／同時代社／3300円

【東洋思想の仕事術】

ロマン主義から脱却し「パターン」を修得せよ

〔推薦者〕法政大学 教授・河野有理

因果関係を突き止め、効果の大きさを測り、エビデンスに基づいた論を行う。これが昨今重視されている考え方だが、実務の世界では時間を要するデータ分析は困難な局面も多い。そこで目を向けたいのが東洋思想だ。

国際金融の枠組み「バーゼル2」の合意成立に尽力した経済官僚、氷見野良三氏が、著書『易経入門』で振り返るところによれば、国際会議でのギリギリの交渉の際に役立ったのは、『易経』やギリシア悲劇に通底する「運命の典型的な展開への共通の感覚」だった。副題「孔子がギリシア悲劇を読んだら」が示すように、本書は儒教思想の枠組みでギリシア悲劇を捉える試みだが、その背後には著者の「パターン認識」への洞察がある。

『易経』で思い浮かぶのは「当たるも八卦（はっけ）」の占いだが、その本質はパターン分類。森羅万象を64通りのパターンで認識する。これを基に「この状況になったら次はこう」という型を身に付けるのは、素早く的確な判断をするための軸をつくることにもなるだろう。

エビデンスと因果推論で組み立てられた政策提言の弱点は、逆説的だがその個別具体性にある。さまざまな仮定や条件の中で得られた結論に汎用性を求めるのは実は無理があるのだ。この点、古典の強みは「大ざっぱ」なことだ。くめども尽きせぬ経験の「原型」を提供してくれる古典に習熟することは、臨機応変が求められる実務の世界でも思った以上に意味がある。

パターンが大事というと、「しかし枠にはめて考えるのはよくないのでは」という意見も聞こえてきそうだ。因果推論とエビデンスへの偏重が「デカルトのわな」だとすれば、「枠はよくない」は「ロマン主義のわな」だ。枠にはまることに罪悪感を抱かせ、平凡に生きる道が劣ったもののように思わせてくる。

礼の思想とパターン認識

個性や多様性を強調するロマン主義をいったん相対化するために読んでほしいのが、『ハーバードの人生が変わる東洋哲学』だ。

本書が注目するのは例えば「礼」の思想だ。「礼」というと堅苦しいが、朝起きてから夜寝るまでの生活、そして人間関係や社会の仕組みは、「ルーティンの組み合わせのパターン」から成る。人生や社会を変えるには何よりもまずこのルーティンを変えることだ。孔子や孟子といった古代の思想家が気づいていたのは、パターンが人間社会に及ぼす力の大きさなのだ。

社会のパターンを学ぶのに最適なのは歴史だろう。『興亡』は、朝日新聞記者が電力産業国営化とその再民営化をダイナミックに描いた名著の復刊。1980年代以降の日本社会を考える際に1つの軸となるのが巨大国営企業の民営化だ。さらに、その裏で進んだ強大な労働組合の解体という、もう1つのパターンにも注目したい。

（構成・山本舞衣）

【お薦めの3冊】

『易経入門　孔子がギリシア悲劇を読んだら』
氷見野良三：著／文春新書／924円

『ハーバードの人生が変わる東洋哲学　悩めるエリートを熱狂させた超人気講義』
マイケル・ピュエット、クリスティーン・グロス＝ロー：著
熊谷淳子：訳／ハヤカワ文庫NF／770円

『興亡　電力をめぐる政治と経済』
大谷　健：著／吉田書店／2640円

河野有理（こうの・ゆうり）
1979年生まれ。東京大学法学部卒業、同大学院修了。首都大学東京教授を経て現職。専門は日本政治思想史。

お薦めの3冊

易経入門

孔子がギリシア悲劇を読んだら

氷見野良三 著／文春新書／924円

ハーバードの人生が変わる東洋哲学

悩めるエリートを熱狂させた超人気講義

マイケル・ピュエット、クリスティーン・グロス＝ロー 著／熊谷淳子 訳／ハヤカワ文庫NF／770円

興亡

電力をめぐる政治と経済

大谷 健 著／吉田書店／2640円

近未来の実際の姿は「人の価値観」で決まる

〔推薦者〕立教大学ビジネススクール　教授・田中道昭

メタバース、NFT、ゲノム編集――。技術は目まぐるしく進化し続けるが、テクノロジーの未来は比較的予測しやすい。

戦略分析の手法に「PEST分析」がある。政治（Politics）、経済（Economy）、社会（Society）、技術（Technology）の4分野から未来のシナリオを練るのだが、政治などの領域ではウクライナ危機のように、まったく予測不可能な事態が突然起こりうる。

だがテクノロジーは違う。自動運転技術が明日レベル5（完全自動化）に到達し、突然実装車が東京を走り始めることはない。これまでの進化の速度から、数年内に完成するという見通しは立てられる。

もっとも、実際の近未来のカギを握るのは〝人〟だ。世の中の人々が抱く「こんなモノが欲しい」「こうありたい」という価値観と、テクノロジーが合致して初めて社会に実装される。


『シグナル』には、こうした戦略分析のスタンスに近い視点で未来予測の方法論が記されている。

著者は未来学者エイミー・ウェブ氏。世の中に埋もれた小さなシグナルが本物の潮流である「トレンド」か、一時的な「トレンディ」かを、見極めるすべを伝える。

本書では一例に空飛ぶ車を挙げる。空飛ぶ車は100年前から世界中で試作品が作られては消えた。なぜかというと魅力的でも実用性に欠けるからだ。大半の人が車に求めるニーズは「安全で無駄なく移動すること」で「空を飛ぶこと」ではない。派手なテクノロジーに引き寄せられ、人の価値観を見誤ると、未来予測を誤る。

気候変動が技術を動かす

今、世界の人々の価値観がどこに傾いているのかといえば、それは気候変動などの環境問題だろう。

その意味で『地球の未来のため僕が決断したこと』は必読だ。マイクロソフト創業者で慈善活動家でもあるビル・ゲイツ氏が「世界の温室効果ガスの総量510億トンをゼロにする」という目的を掲げ、具体的な解決策を提案する。思想や政治ではなくテクノロジーでの解決策を伝えるのが特徴。ビジネスとして成立するかを念頭に置いた提案なのも示唆に富む。本書はテクノロジー本だが、新事業のヒントが書かれた本でもある。

不透明な未来での成功の道は、問題にぶつかり、因果関係を分析、軌道修正した先にある。『プリンシプルズ』は、米国の大物投資家、レイ・ダリオ氏が著した成功の原則本だ。彼は「大胆な目標を掲げ」「問題にぶつかり」「問題を分析して」「よく考えて」「実行する」プロセスを成功のフレームワークだと記す。

その中で納得感が高いのは、「問題にぶつかる」を前提としていることだ。それはビジネスもテクノロジーも人生も同じに違いない。

（構成・ライター：箱田高樹）

【お薦めの3冊】

『シグナル　未来学者が教える予測の技術』
エイミー・ウェブ：著／土方奈美：訳／ダイヤモンド社／1980円

『地球の未来のため僕が決断したこと　気候大災害は防げる』
ビル・ゲイツ：著／山田　文：訳／早川書房／2420円

『PRINCIPLES（プリンシプルズ）人生と仕事の原則』
レイ・ダリオ：著／斎藤聖美：訳／日本経済新聞出版／4400円

田中道昭（たなか・みちあき）
米シカゴ大学経営大学院ＭＢＡ。企業戦略などが専門。『「ミッション」は武器になる』など著書多数。

お薦めの3冊

シグナル
未来学者が教える予測の技術

エイミー・ウェブ 著／土方奈美 訳／ダイヤモンド社／1980円

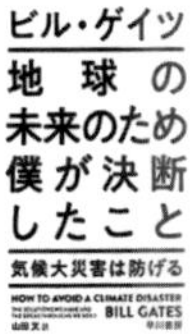

地球の未来のため僕が決断したこと
気候大災害は防げる

ビル・ゲイツ 著／山田 文 訳／早川書房／2420円

PRINCIPLES（プリンシプルズ）
人生と仕事の原則

レイ・ダリオ 著／斎藤聖美 訳／日本経済新聞出版／4400円

【パーパス経営】

日本の経営は周回遅れ　「志本主義」移行を急げ

〔推薦者〕京都先端科学大学ビジネススクール　教授・名和高司

今、世界中で「パーパス経営」が注目されている。パーパスは「存在意義」と訳されることが多いが、私は「志」と読み替えてきた。資本主義に代わる「志本主義」の時代には、すべての企業がパーパスを問われることになる。

ポイントとなるのが、顧客市場、人財市場、金融市場という3つの市場だ。まず、顧客の意識はもはや「自分さえよければいい」というものではなくなった。環境や社会への配慮は、「やって当然」の規定演技。応援される企業になるには、「自由演技」としての独自のパーパスの追求が必要になる。

人財市場で、従業員は自分の志が会社のそれとオーバーラップするかどうかに厳しい目を向ける。金融市場もＥＳＧ（環境・社会・企業統治）の観点で企業を見る。日本の企業の多くは、３つの市場の要請にまだ十分には応えられていない。では、日本企業やそこで働くビジネスパーソン、起業家には何が必要か。ヒントを与えてくれる3冊を紹介したい。

『株式会社規範のコペルニクス的転回』は、英米で盛り上がった最もイケてない資本主義、すなわち株主中心の資本主義を脱却しパーパス経営に転換せよと説く本だ。著者のコリン・メイヤーは利己的になりがちな「幸福主義」を否定しつつ、パーパスを「社会課題の解決」と定義する。コーポレートガバナンスの中心には本来これを置くべきだった。それなのに株主価値の追求ばかりしてきたから企業がおかしくなった、と彼はいう。

長期安定株主が重要だ

アンカー株主、つまり安定株主の重要性を訴えている点も面白い。経営が長期的に安定することでパーパスが実現される。その意味では、株主の数を増やそうとする東証改革は周回遅れの愚策だった。世界最先端の経営のあり方を示す「経営者への正しい応援歌」ともいえる本書をぜひ読んでほしい。

パーパス経営を理解したうえで、具体的に動く際に役立つのが『才能をひらく編集工学』だ。経済学者のシュンペーターは、イノベーションを新結合、あるものとあるものをくっつけることだといった。つまり、編集とはイノベーションそのもの。それを方法論としてわかりやすく示したのが本書だ。「わけるとわかる、わかるとかわる（分節化）」「くらべる、あわせる、ずらす（関係発見力）」といった10のアプローチは実践的に使える。

『成しとげる力』を書いた永守重信氏は、「夢をかたちに」と、パーパス経営を実践してきた経営者だ。「一番を目指す！」「苦労に飛び込め！」といった提言にも、説得力がある。足るを知るという価値観は、最後には大事だ。しかし、何もせずに満足し、何も成し遂げられずに終わって本当にいいのか。疑問を持つ人に薦めたい。

（構成・山本舞衣）

【お薦めの3冊】

『株式会社規範のコペルニクス的転回　脱株主ファーストの生存戦略』
コリン・メイヤー：著／宮島英昭：監訳、清水真人、河西卓弥：訳
東洋経済新報社／5500円

『才能をひらく編集工学　世界の見方を変える10の思考法』
安藤昭子：著／ディスカヴァー・トゥエンティワン／1980円

『成しとげる力』
永守重信：著／サンマーク出版／1980円

名和高司（なわ・たかし）
東京大学、米ハーバード大学院卒業。三菱商事、マッキンゼー、一橋大学教授を経て現職。著書に『パーパス経営』など。

お薦めの3冊

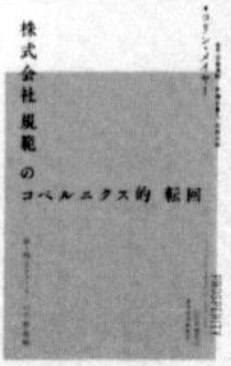

株式会社規範のコペルニクス的転回
脱株主ファーストの生存戦略

コリン・メイヤー 著／宮島英昭 監訳、清水真人、河西卓弥 訳／東洋経済新報社／5500円

才能をひらく編集工学
世界の見方を変える10の思考法

安藤昭子 著／ディスカヴァー・トゥエンティワン／1980円

成しとげる力

永守重信 著／サンマーク出版／1980円

資本主義を理解し過去の経済危機に学ぶ

〔推薦者〕東京大学大学院　教授・岡崎哲二

危機の中で生きる手がかりを提供する書物として、5冊を取り上げたい。1冊目は、『資本主義の歴史　起源・拡大・現在』である。著者のユルゲン・コッカは、ドイツ近現代史を中心に、数多くの重要な研究を発表してきた、「碩学（せきがく）」という言葉がふさわしい研究者だ。本書では資本主義の歴史、すなわち資本主義はどのように生まれ、拡大し、変化し、何をもたらしてきたかという壮大なテーマに取り組む。

近現代の危機、とくに経済危機は多かれ少なかれ資本主義と関連しているため、資本主義を理解することは危機を理解するうえで有意義だ。本書はコンパクトな中に豊富な内容を盛り込んでいる。

第1章の「資本主義とは何か」では、「資本主義」という言葉が歴史上いつどのような意味で使われるようになり、社会科学・歴史学の概念として定着してきたかが、3人の偉大な社会科学者、カール・マルクス、マックス・ウェーバー、ヨーゼフ・シュンペーターの資本主義概念の比較を含めて記述される。本書を通じてコッカは、資本主義がそれ自体変化しながら、経済・社会の巨大な進歩の原動力となってきたことを強調する。一方、資本主義が絶えず批判にさらされ、それが資本主義の変化の一因となってきたと指摘する。

日本が経験してきた危機

コッカの書物が資本主義という一般的な対象を扱っているのに対して、以下の4冊は日本が現実に経験してきた危機、すなわち幕末・明治初年の危機、および1930～40年代の危機に関連する。

前者の危機に関して、『明治維新　1858-1881』を取り上げたい。約

250年にわたり鎖国を続けていた日本にとって、1853年の米国艦隊の来航と開国要求は文字どおりの危機であった。日本はこの危機をどのように克服し、その後の発展の基礎を築いたか。

教科書的な解答は近代国家の建設ということになるが、幕府のほか約300の自律的な藩によって構成された幕末の日本が統一的近代国家を短期間に建設したことは驚異的である。本書は、「柔構造」というキーワードでそれを説明している。すなわち、変革の目標が富国、強兵、議会、憲法と複数あり、またそれぞれの内容も可変的で、さらに各目標を推進するリーダーたちの間の連携関係も柔軟に組み替えられたことが、国家建設の成功に寄与したとする。

19世紀末以降の日本では、近代国家の下、経済発展が進み、政治的にも男子普通選挙の実施などの民主化が進展した。しかし、37年の日中戦争勃発を境に日本は再び危機に直面し、太平洋戦争の開戦によって危機はさらに深刻化。連合国の経済封鎖によって供給が制約される中、戦争のために膨大な資源を配分する必要が生じたため、この危機は経済的危機でもあった。これに政府は経済統制、すなわち市場機能の計画と管理による代替で対応した。

『日本の経済統制　戦時・戦後の経験と教訓』は、戦時中から終戦直後までにおける経済統制の展開と帰結を、包括的かつ簡潔に記述する。経済封鎖が全面化する以前の日中戦争期には「外貨」、経済封鎖が全面化した太平洋戦争期には「輸送力」が経済計画の基本的な制約条件になったという見方は、今日でも戦時経済を理解するための参照枠となっている。

日中戦争の太平洋戦争への拡大は、日本の運命を左右し、世界にも深刻な影響を与えた。この重大な事態に当たって、当時の日本の国家指導部が何を考え、どのように行動したかを知ることは、今日生きるわれわれにとっても大きな意味がある。『杉山メモ（上・下）』は、太平洋戦争開戦前の1940年11月から戦争末期の44年2月までの期間にわたる、大本営・政府連絡会議の議事録と関連資料を体系的に収めている。

大本営・政府連絡会議は、とくに重要な議題を取り扱う場合、昭和天皇が臨席する「御前会議」として開催された。本書は昭和史の第一級史料であることから、昭和史に関する文献では必ず参照されるが、この史料自体に直接読む価値がある。とくに対米開戦の意思決定に至る41年9月から12月までの諸会議における、総理大臣、外務大臣、大蔵大臣、企画院総裁、陸軍大臣、海軍大臣、参謀総長（陸軍）、軍令部総長（海軍）らの発言は、重大な国家意思の決定に参画した人々の肉声を伝える記録としてたいへん貴重である。

戦後も続いた日本の危機

1945年8月に終戦を迎えた後も日本の経済危機は終わらなかった。46年度、日本の実質GNP（国民総生産）は44年の50％程度、鉱工業生産は30％程度まで落ち込んだ。しかしここからの経済復興は速やかで、50年代初めに戦前の水準に戻した後も高い経済成長率が20年以上にわたり持続した。

『高度成長の時代　現代日本経済史ノート』は、この復興と成長の過程を描いている。卓越した官庁エコノミストの手による本書は、客観的データに基づくマクロ経済分析と時代の雰囲気を伝えるミクロの記述、アネクドートのバランスが絶妙だ。残念ながら現在は品切れとなっているが、戦後日本経済史に関する古典というべき書物である。本書には、戦争が終わって日本社会の雰囲気が一変したことを示す記述として「NHKの英会話講座のテーマソングCome,come,everybody（証誠寺の狸ばやし）が巷（ちまた）にあふれた」という一文がある。再びこの歌が朝のテレビから聞こえた今日、戦後の危機の中で当時の人々がどのように行動し危機を克服したかを知ることには、意味があるだろう。

【お薦めの5冊】

『高度成長の時代　現代日本経済史ノート』

香西　泰：著／日経ビジネス人文庫／880円

敗戦後の日本経済の歩みを振り返った1981年刊行の現代日本経済史の定番。官庁エコノミストの手により、日本の戦後復興と成長の過程が、客観的データに基づくマクロ経済分析と時代の雰囲気を伝えるミクロの記述から描かれる。現在は品切れ。文庫版は2001年刊。

『杉山メモ（上・下）』

参謀本部　編／原書房／各6380円

日中戦争以来、陸軍の枢要な地位を占めていた杉山元・元帥の1940年参謀総長就任から44年2月辞任までの最高指導部の全容を伝えるメモランダム。太平洋戦争開戦前から戦争末期の大本営・政府連絡会議の議事録と関連資料を体系的に収めている。2005年刊。

『日本の経済統制　戦時・戦後の経験と教訓』

中村隆英：著／ちくま学芸文庫／1100円

1937〜50年の国家統制時代を中心に、経済の動きについて全体像を提示。統制を「市場の価格機構になんらかの方法で干渉し、その機能を制限すること」と定義し、その展開と帰結について包括的かつ簡潔に記述。74年に刊行された書籍の復刻版として2017年刊。

『明治維新　1858−1881』

坂野潤治、大野健一：著／講談社現代新書／990円

幕末維新期の社会変容を導いた政治メカニズムを、歴史比較と国際比較の視点から明らかにしようと試みる。登場人物が多く、複数の国家目標が合体、変容、逆転する「わかりにくい時代」とされるこの時期を、「柔構造」というキーワードで説明する。2010年刊。

『資本主義の歴史　起源・拡大・現在』

ユルゲン・コッカ：著／山井敏章：訳／人文書院／2420円

歴史学の大家によるコンパクトな資本主義通史。その起源から金融資本主義に至る長大な歴史に加え、マルクス、ウェーバー、シュンペーターの資本主義概念比較なども。世界史的視野と資本主義の本質に迫る考察が絡み合い、未来への展望を示唆する。2018年刊。

岡崎哲二（おかざき・てつじ）

1986年東京大学大学院経済学研究科修了（経済学博士）。『経済史から考える』など著書・論文多数。

お薦めの5冊

資本主義の歴史
起源・拡大・現在
ユルゲン・コッカ 著／山井敏章 訳／人文書院／2420円

明治維新
1858-1881
坂野潤治、大野健一 著／講談社現代新書／990円

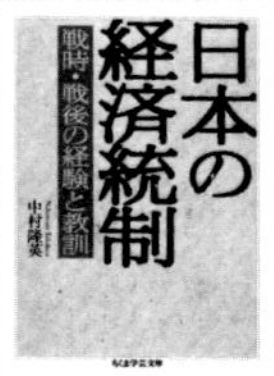

日本の経済統制
戦時・戦後の経験と教訓
中村隆英 著／ちくま学芸文庫／1100円

杉山メモ(上・下)
参謀本部 編／原書房／各6380円

高度成長の時代
現代日本経済史ノート
香西 泰 著／日経ビジネス人文庫／880円

【哲学から理解する】

哲学的な視点で見ると危機は別の風景となる

〔推薦者〕玉川大学　名誉教授・岡本裕一朗

今日の危機はどこにある？　コロナパンデミックやロシアによるウクライナ侵攻が起こって、にわかに危機が叫ばれている。しかし、はたして今、どんな意味で「危機」なのだろうか。

新型コロナウイルス感染症が発生したとき、欧米の国家はいち早く非常事態宣言を発令し、ロックダウン政策を採用した。これに対して、現代イタリアの哲学者ジョルジョ・アガンベンは、一貫して批判を展開している。彼によると、国家は死への恐怖心をあおりながら、専制的な強権主義を採用し、国民の自由を奪ったわけである。しかも、これに加担したのが、テレビや新聞といった大手メディアである。

この批判のために、アガンベンはメディアから排除された。その主張は「陰謀論」と見なされ、非難されることになる。しかし、アガンベンが次のように語るとき、私たちは無視できるのだろうか。

「実際に私たちが見ているのは諸権利や議会や権力分立に基礎づけられた市民的な民主主義国家という世界の終わりであって、その世界が座を譲りつつある新たな専制は、管理の浸透性という点で、またあらゆる政治的活動の廃絶という点で、これまでに知られているいかなる全体主義よりも悪いものになろう」(『私たちはどこにいるのか?』)

とすれば、「危機」とは何だろうか。新型の感染症? それとも、感染症への国家や社会の対応? あるいは、メディアのあり方? 危機をあらかじめ前提とせずに、危機がどこにあるのか、よく考えなくてはならない。

次に、ウクライナ危機について考えてみよう。報道では、善悪二元論に基づいて、ロシアへの一方的な非難のみが繰り返されている。このとき、ロシアがなぜ侵攻したのかは、シャットアウトされている。欧米側の見方だけが伝えられ、それがあたかも唯一の真実であるかのように語られている。

だが、米国の政治学者ジョン・ミアシャイマーによれば、ウクライナ危機の主要な要因は、「欧米の側、とくにアメリカにあり、長年、NATOを無謀に拡大してきたことが、ロシアを刺激した」とされる。以前からよく知られていたが、ウクライナ国内では、極右勢力の活動が活発であり、これが政権や軍隊にも浸透していた。

こうした視点を持つと、まったく違った風景が見えてくる。パスカルが『パンセ』で語った次の警句を、よくかみ締めてほしい。「川一つで仕切られる滑稽な正義よ。ピレネー山脈のこちら側での真理が、あちら側では誤謬である」（『パンセ』）

同じ1つの事態でも、どの方向から見るかによって、その理解が大きく変わってくる。ほかの見方がいつでも可能なことを、絶えず心がけておきたい。「危機」を生き抜くには、多様な見方や観点に対する準備が求められる。

今日の危機の原因を確かめるために、『権力への意志』を読んでおきたい。20世紀が訪れようとする直前に、ニーチェは次のように予言していた。「私の物語るのは、次の二世紀の歴史である。私は、来たるべきものを、もはや別様には来たりえないものを、すなわち、ニヒリズムの到来を書きしるす」（『権力への意志』）
「ニヒリズム」というのは、価値（よい／悪い）や真理（「正しい／間違い」）について、絶対的な基準がなくなることである。こうして、さまざまな観点から、多様な解釈を打ち出すことが可能になった。そこで、メディアによる紋切り型の報道に接したときは、ニーチェが指摘したことを思い出すことにしよう。多様な見方が可能なのに、ただ1つの情報だけが正しいように押し付けられているとすれば、それは現代の状況を無視したものというべきであろう。

ほかの見方も想定する

今必要となるのは、情報がどの視点からのものなのかを明確にし、ほかの見方の可能性を想定しておくことだ。危機を生き抜くには、どうしても必要である。

しかし、そもそもどうして、多様な観点が求められるのだろうか。それを考えるために、フランスの哲学者エドガール・モランの『失われた範列』を読みたい。

モランによると、多様な観点が必要になるのは、実は「人間」の自然本性に由来している。人間とは違って、ほかの動物の場合は、生物学的な遺伝プログラムに規定され、それぞれの種に応じた一律の反応が装着されている。

ところが人間は脳が増大することによって、遺伝プログラムから外れ、情報過剰になり、さまざまな理解が可能になる。だが、これは同時に対立や分裂、激しい憎悪や激怒、暴力の氾濫も生み出す。これをモランは、「錯乱するヒト（ホモ・デメンス）」と呼んで、次のように語っている。

「われわれは、ホモ・サピエンスに当てられた真面目で働き者の顔に、ホモ・デメンスの別な、しかし同時に、同一である顔を、重ねなければならないのである。人間は狂人・賢人である」（『失われた範列』）

では、私たち人間（ホモ・サピエンス）が、こうした「ホモ・デメンス」であるとき、そもそも「平和」は可能なのだろうか。

ドイツの哲学者イマヌエル・カントは、1795年に『永遠平和のために』を書いている。この書についてはしばしば、現実を知らない哲学者の理想にすぎない、と批判されてきた。だが、カントは、そんな甘い幻想を振りまくものではない。カントは戦争と平和について、次のように語っている。

「ともに暮らす人間たちのうちで永遠平和は自然状態ではない。自然状態とは寧ろ戦争状態なのである。つねに敵対行為が発生しているというわけではないとしても、敵対行為の脅威がつねに存在する状態である。だから平和状態は新たに創出すべきものである」（『永遠平和のために』）

錯乱するヒト（ホモ・デメンス）にとって、戦争こそが自然状態であるとすれば、はたして平和はどのようにして可能なのだろうか。簡単な方法などないことを自覚したうえで、カントがあえて「永遠平和」を語った意味を考えたい。

【お薦めの5冊】

『権力への意志（上・下）』

フリードリッヒ・ニーチェ：著／原 佑：訳

ちくま学芸文庫／1760円（上）、1980円（下）

20世紀が訪れようとする直前に、ニーチェは「私の物語るのは、次の二世紀の歴史である。私は、来たるべきものを、もはや別様には来たりえないものを、すなわち、ニヒリズムの到来を書きしるす」と予言していた。ニーチェ晩年の思索の宝庫。危機の原因をこれで確めたい。

『パンセ（上・中・下）』

パスカル：著／塩川徹也：訳／岩波文庫
1320円（上）、1650円（中）、1386円（下）

フランス語で「思想」を意味する。「クレオパトラの鼻が低かったら世界は変わっていただろう」など、数々の名言がちりばめられている。今かみ締めたいのは「川一つで仕切られる滑稽な正義よ。ピレネー山脈のこちら側での真理が、あちら側では誤謬である」。

『永遠平和のために』

カント：著／宇都宮芳明：訳／岩波文庫／638円

近代哲学の骨格を築いた18世紀の哲学者がイマヌエル・カント。カントの哲学は「ドイツ観念論」と呼ばれる。カントは戦争と平和について、「ともに暮らす人間たちのうちで永遠平和は自然状態ではない。自然状態とは寧ろ戦争状態なのである」と語る。

『失われた範列　人間の自然性』

エドガール・モラン：著／古田幸男：訳／法政大学出版局／2970円

多様な観点が必要になるのは、「人間」の自然本性に由来する。ところが脳が増大することによって、遺伝プログラムから外れ、情報過剰になり、さまざまな理解が可能になる。これは同時に対立や分裂、激しい憎悪や激怒、暴力の氾濫も生み出すことになる。

『私たちはどこにいるのか？　政治としてのエピデミック』

ジョルジョ・アガンベン：著／高桑和巳：訳／青土社／2200円

コロナ禍のイタリアにおいて、アガンベンは渦中の人となった。本書でアガンベンは「実際に私たちが見ているのは諸権利や議会や権力分立に基礎づけられた市民的な民主主義国家という世界の終わりである」とイタリアのロックダウン政策を批判している。

岡本裕一朗（おかもと・ゆういちろう）

専門は近現代哲学。九州大学助手などを経て、2019年から現職。『モノ・サピエンス』など著書多数。

お薦めの5冊

権力への意志（上・下）

フリードリッヒ・ニーチェ 著／原 佑 訳／ちくま学芸文庫／1760円(上)、1980円(下)

パンセ(上・中・下)

パスカル 著／塩川徹也 訳／岩波文庫／1320円(上)、1650円(中)、1386円(下)

永遠平和のために

カント 著／宇都宮芳明 訳／岩波文庫／638円

失われた範列
人間の自然性

エドガール・モラン 著／古田幸男 訳／法政大学出版局／2970円

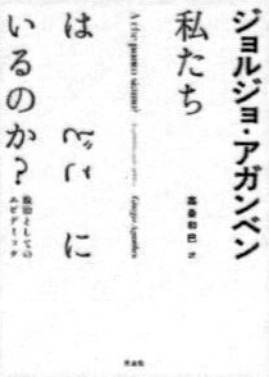

私たちはどこにいるのか？
政治としてのエピデミック

ジョルジョ・アガンベン 著／高桑和巳 訳／青土社／2200円

先が読めない時代に文学の普遍的価値を

〔推薦者〕ひとり出版社「駒井組」代表・駒井　稔

生き生きとした言葉で古典の面白さを伝えたいと、２００６年に光文社古典新訳文庫を創刊した。ドストエフスキー『カラマーゾフの兄弟』が販売累計１００万部を超えるなど、予想以上に現代の人たちに受け入れられ、とくに学生や若いビジネスパーソンが手に取ってくれた。世紀を超えて読み継がれてきた古典の普遍性、本質を、本能的に求めているのだろう。

文学というジャンルは、ビジネス上の即効性があるわけではない。しかし世界が揺れ動き、先が見通せない不安に満ちた現代だからこそ読むべきだ。

『永遠平和のために／啓蒙とは何か』は光文社古典新訳文庫の創刊ラインナップに

加えた1冊。18世紀当時すでに戦争反対・常備軍廃止を訴えており、今まさにアクチュアルな内容と言える。

哲学だが読みやすいエッセーとしてつづられているほか、巻末には翻訳者による、現代の視点からの丁寧な解説付き。戦争を自分の問題として捉えるのに最高のテキストだ。

ほか同文庫からはセネカ『人生の短さについて』、ダーウィン『種の起源』も薦めたい。前者はタイトルどおりの内容で、言い古された箴言（しんげん）に思えるかもしれないが、やはり2000年の時を超えてきた言葉として、今読むと深く心に響く。後者は進化についての有名な著作だが、人生論としても読むことができる。人種や民族の違いから紛争を繰り返しているが、進化という壮大な歴史を経て到達した、人間という同じ種なのだ。

現代文学で時代を読む

『文学こそ最高の教養である』は、対話形式で読みやすく、古典の入門書として活用できる。光文社古典新訳文庫から欧米・ロ・日本・アフリカ文学・哲学など14冊を取り上げ、私が読者代表としてそれぞれの翻訳者に理解のポイントを質問している。各専門家が非常に深く、本質に触れて解説しているが、かといって難しくはない。肩の力を抜いて読むことができる。

『白の闇』は突然失明するという感染症に見舞われた世界を描いた作品。パンデミック小説としても優れるが、現代特有の不安感や世界への違和感をうまく描いている。また表現も平易で、作品世界に引き込まれて読むうちにテーマが自然と伝わってくる。なお本書が文庫として発行された後、サラマーゴのほかの2作品も別々の出版社から相次いで発刊されている。今、注目の作家だ。

ほか、韓国や台湾などアジア圏の現代作家の人気が高まっている。読者とは、時代の雰囲気を敏感に感じ取り、本能的に自分に必要なものを選ぶものだ。人々が何を感じているのか、書籍を通じ読み取るのも、ビジネスのうえで役立つだろう。

（構成・ライター：圓岡志麻）

【お薦めの3冊】

『永遠平和のために／啓蒙とは何か　他3編』

カント：著／中山　元：訳／光文社古典新訳文庫／770円

『文学こそ最高の教養である』

駒井　稔＋「光文社古典新訳文庫」編集部：編著

光文社新書／1540円

『白の闇』

ジョゼ・サラマーゴ：著／雨沢　泰：訳／河出文庫／1430円

駒井　稔（こまい・みのる）

光文社古典新訳文庫の創刊編集長。現在も編集者として活躍。編著に『私が本からもらったもの』など。

お薦めの3冊

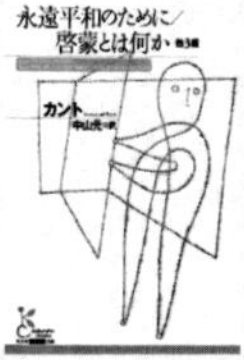

永遠平和のために／啓蒙とは何か 他3編

カント 著／中山 元 訳／光文社古典新訳文庫／770円

文学こそ最高の教養である

駒井 稔＋「光文社古典新訳文庫」編集部 編著／光文社新書／1540円

白の闇

ジョゼ・サラマーゴ 著／雨沢 泰 訳／河出文庫／1430円

戦争や政治と関わり発展してきた芸術

〔推薦者〕編集者・作家　中川右介

日本では一部のファンだけが楽しむクラシック音楽だが、欧米のとくにインテリ層の間ではごく普通に楽しまれる娯楽である。グローバルに仕事をしているビジネスパーソンなら、会食の席などで話題になったときなど、いつでも対応できるように知識を身に付けておきたい。

クラシックは時代の権力者の庇護の下で発展してきた音楽であり、世界の歴史と密接に結び付いている。クラシックの歴史を知ると、世界の歴史の裏側がわかることになる。激動の時代には大いに役立つはずだ。

『革命と戦争のクラシック音楽史』はクラシック音楽が実は戦争によって進化して

きたという大胆な説を、豊富なエピソードを紹介しながら展開する。「ベートーヴェンの『第9』もナポレオンの存在なくしては生まれなかった」など、名曲誕生にまつわる秘話を興味深く追いながら歴史を頭に入れることができる。講演をまとめたものなので、口語体で読みやすいのも魅力だ。

『新版 クラシックでわかる世界史』は世界史をクラシックの観点からひもといたものだ。クラシックを知らない人にも面白く読める。宗教改革から始まり、第1次世界大戦までの歴史を追う。現代「名曲」とされている音楽は歴史の動乱の中で生まれている。名曲が生まれた背景を探れば、歴史の動きを大まかにつかむことができる。東欧諸国とロシアの関係を理解する一助にもなる。

最後の1冊は私自身の著作。20世紀における、国家と音楽家の関係を解き明かした『国家と音楽家』だ。今の国際情勢から、ヒトラー、スターリンなどの下、音楽家たちがいかに時代を生き抜いたかを取り上げた2つの章に興味を持っていただけるのではないか。

オーケストラやコンサートホールなどに莫大な資金がかかるクラシック音楽には王

侯貴族などのパトロンが必要不可欠だ。そのため王権の時代が終焉を迎える第1次大戦を機に、偉大な作曲家が次々輩出された時代も終わる。

しかしソビエト連邦では事情が異なる。社会主義国家では本来、王侯貴族の芸術であるクラシック音楽は否定されるべきだ。しかし社会主義だからこそ、商業主義の西側で存続しえない優れた芸術が生まれるという論理の下、クラシックやバレエが庇護され、20世紀最大の作曲家、ショスタコーヴィチが活躍した。スターリン政権下で作曲された彼の作品は、単純に芸術を楽しむためのものだったのか。そうしたショスタコーヴィチの作品上の謎についても触れた。

以上、音楽の歴史とともに世界の紛争の背景が見えてくる3冊を紹介した。日本人にとってはなじみにくい世界史を、楽しみながら学ぶことができるだろう。

（構成・ライター：圓岡志麻）

【お薦めの3冊】

『革命と戦争のクラシック音楽史』
片山杜秀：著／NHK出版新書／880円

『新版　クラシックでわかる世界史　時代を生きた作曲家、歴史を変えた名曲』
西原　稔：著／アルテスパブリッシング／2090円

『国家と音楽家』
中川右介：著／集英社文庫／858円

中川右介（なかがわ・ゆうすけ）
2014年まで出版社アルファベータ代表取締役編集長。歴史、クラシック、歌謡曲などに関する本を幅広く執筆。

お薦めの3冊

革命と戦争のクラシック音楽史

片山杜秀 著／NHK出版新書／880円

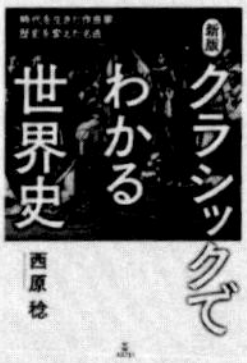

新版 クラシックでわかる世界史
時代を生きた作曲家、歴史を変えた名曲

西原 稔 著／アルテスパブリッシング／2090円

国家と音楽家

中川右介 著／集英社文庫／858円

「芸術を愛さない人が戦争を起こしてしまう」

美術家・横尾忠則

グラフィックデザイナーとして活動後、画家として自然風景や肖像画など、多様な作品を手がけてきたのが横尾忠則氏である。８５歳の今も精力的に活動を続ける。コロナ禍、ウクライナ戦争と続く危機の時代の生き方、芸術の意義などについて聞いた。

―― コロナ禍ではどう過ごしていましたか。

創作時間が増えた。作品点数が４０代、５０代のころよりも増えて、人生でいちばん多いくらい。人と会うことが減って、アトリエの中で、絵を描くばかり。皮肉にもこれが創作の原動力になってしまった。

そもそも動物から発生したのが、コロナでしょ。コロナの持つ動物性や野性が僕の中の野性と結び付いたのかな。僕はコロナという異常事態をクリエーティブな方向へ転換できた。21年は大規模な展覧会を行ったし、『原郷の森』という小説もこの2年で書いた。

――小説『原郷の森』では、ダ・ビンチやピカソなどの芸術家が時空を超えて語り合う「森」があって、そこで芸術論が展開されます。「人間の中には戦争のDNAが存在している」とダ・ビンチに言わせた言葉が印象的でした。

だから、人間が存在する以上、戦争が起きる危険性はいつもある。理屈ではない。『原郷の森』では僕以外、死後に存在している人たちしか出てこない。亡くなった人たちの世界から現世を見ている。僕たちはうそにまみれた現世に住んでいるので、うそをうそとして認識していないが、彼らから見ると一目瞭然で、僕たちのうそがばれていく。亡くなった人間でないと認識できない世界観を書いた。

――現世の真実を描くために、亡くなった人たちのフォーラムみたいなものをつくったのですね。

そう。現実の世界ではインテリもエリートもたくさんいるけど、どうして世界ではこんなに問題が多いの？　と考えた。向こうの世界から見たら、その原因が一目瞭然でわかる。こちらとは真逆の世界ということで、僕が勝手に設定したお話なのだが……。

――人生が終われば、みんなフラットな存在で、本質の部分しか残らないということでしょうか。

物質のない世界だからね。名誉や地位、財産もない純度１００％の世界から見れば、現世の人間はいったい何をやっているのかと。知識や教養は何も役に立たない、宇宙的な視点から、現世を見たときのばかばかしさを書いた。

――死者たちは横尾さん自身のこともたくさん語ります。

美術評論家が僕のことを語っても、うん？ という感じ。その人が抱えている業が大きいわけだから。業のない人に僕を語ってもらいたい。では、ダ・ビンチに何を語ってもらうか。そう思った瞬間、ダ・ビンチ的な思考が僕とつながる。自分がダ・ビンチになったかのようにね。

憑依（ひょうい）なのか？ 普段でも急にとんでもないアイデアが浮かぶことがあるでしょ。それは意識が外とつながった瞬間ではないかなあ。僕であって僕じゃない。絵を描くことは訳のわからないものを拾い上げていく作業だから。

みんな、大人になると生きていくためにフィクションと思えるようなことを捨て去っていく。理屈だけが残るのだが、芸術家は別で、フィクションやファンタジーでものを考える。子どもの感性を持っている人だけが生き残る。

子どもの感性を取り戻す

――この小説も普通の小説とは違うわけですね。

僕はアーティストだから、物事を思考するよりも肉体を動かすことを優先している。絵を描くときは頭の中を空っぽにしちゃう。そうするとアスリートのように肉体だけが勝手に動く。僕の小説もそう。頭を満杯にしているとアートはできない。一般的な小説家は観念と言葉に縛られているから、アスリートにはなれない。

――芸術と社会や政治との関係についてはどう考えていますか。

社会的なことをテーマにしている芸術を評価するメディアもあるが、どうなのか。声を大にしては言わないけれど、じわっとメッセージが染み出してくる作品がある。「平和」「ノー・モア・ウォー」と口には出していない。でも、その絵を見るとすごく気持ちがいい、平和を感じることができる。そういう作品がある。

メディアに苦言を呈するわけじゃないが、みんな頭と言葉だけに偏りすぎている。絵は言葉を発しない。言葉を超えたところに向かっているものだから。多くの人が絵を見て芸術に触れる世界では、戦争なんか起きない。実際に戦争を起こす人たちは芸術を知らない、愛していない人たちだ。

――芸術の役割が大きくなる中で、今後どのような活動を?

自分の中では解決していない問題がいっぱいある。今も1つずつ解決しながら作品を発表しているが、発展途上であることは否めない。本当にやりたいことは、今日やる。昨日やりたかったことはもう古い話で、今日のことも明日になれば古くなる。明日はまた違うことをやりたくなる。

過去の作品を見て感慨に浸るなんてことはない。回顧展をやると、みんな大喜びしてくれるけど、僕は期待に応えていないという気持ちが強い。それどころか、やってきたことが全部嫌になってくるが、明日もあさってても描き続ける。

――書評もよく書いていますね。今、私たちが読むべき本は?

子ども時代に戻れるようなフィクションだ。自分の中に存在していた子どもの感性を取り戻すと、肉体は活性化する。僕はターザンシリーズを書いたエドガー・ライス・バローズの小説が好きだ。江戸川乱歩の『少年探偵団』シリーズ、ジュール・ヴェルヌの冒険小説、『千夜一夜物語』『トム・ソーヤーの冒険』『ハックルベリー・フィンの冒険』などもいい。こういう本を読むと、普段の生活とは別の物語が心の中で生まれてきて、気持ちが豊かになる。そんな気持ちになる人が増えれば、戦争も何とか防げるのかもしれない。

（聞き手・堀川美行）

横尾忠則（よこお・ただのり）

1936年生まれ。ニューヨーク近代美術館、アムステルダム美術館、カルティエ現代美術財団など国内外で個展を開催。朝日賞、高松宮殿下記念世界文化賞、泉鏡花文学賞、講談社エッセイ賞など受賞多数。2022年3月に小説『原郷の森』を発表。

【地球規模の危機】

ビジネスリーダーが読むべき教養書

多摩大学社会的投資研究所　教授・副所長・堀内　勉

２００８年のリーマンショックの際に、米国の元財務長官で経済学者のローレンス・サマーズが、「１００年に一度の危機は3年に一度やってくる」と語ったといわれている。確かに２１世紀の世界は加速度的にその混迷度合いを増しているように思う（必読書＝ジョン・K・ガルブレイスの『不確実性の時代』）。

２００１年の米同時多発テロを皮切りに、０７年から始まる世界金融危機、１１年の東日本大震災と福島第一原発事故、１９年に始まる新型コロナウイルス禍、２２年のロシアによるウクライナ侵攻など、２１世紀は想定外の危機が目白押しである。ここまで危機的な状況が次から次へとやってくると、もはや何が起きても想定外とはいえないのかもしれない（ナシーム・ニコラス・タレブの『ブラック・スワン』）。

こうした地球規模レベルでの危機は、以下のように、いくつかに分類できるのではないだろうか。

①科学技術の進歩とそれがもたらす弊害（産業革命、人口爆発、核戦争の脅威）

②資本主義の加速とそれがもたらす弊害（地球温暖化、人間疎外、格差拡大、経済の不安定化）

③地球という惑星が抱える固有の問題（大地変動の時代への突入）

ロシアによるウクライナ侵攻は、核戦争を伴う第3次世界大戦の危機さえ招きかねないが、これなどは、科学技術の進歩によって核の力を手に入れた人類が抱える潜在的脅威が顕在化したものといえる（イマヌエル・カントの『永遠平和のために』、イアン・ブレマーの『「Gゼロ」後の世界』）。

科学技術の進歩を背景とした産業革命以降の市場経済の急激な拡大とグローバリゼーションの進展は、資本主義という自己増殖のメカニズムを通じて、世界の至る所で環境問題を引き起こすと同時に、人々の間に対立と分断を招いている（宇沢弘文の

『経済学は人びとを幸福にできるか』、トマ・ピケティの『21世紀の資本』)。

さらにスマトラ島沖地震や東日本大震災、カナリア諸島やジャワ島での火山噴火などは、幾多の地殻変動を起こしてきた地球が、1000年ぶりの大地変動の時代に突入したことを示唆している(アルフレッド・ウェゲナーの『大陸と海洋の起源』、鎌田浩毅の『首都直下地震と南海トラフ』)。

こんなときにはいたずらに慌てることなく、人類の来し方、行く末を熟考してみる時間も必要だろう。138億年に及ぶ宇宙の歴史と46億年前の地球誕生がある。38億年前にそこに生命が誕生。ホモ・サピエンス(現生人類)が20万~30万年前のアフリカに登場し、5万年前ごろからヨーロッパ、アジア、シベリア、アメリカへと広がっていった。日本に到着するのが3万8000年前ごろだ(ユヴァル・ノア・ハラリの『サピエンス全史』)。

個々の問題をインパクトの大きい地球規模のものにしている主因は、人口の爆発的増加である。人類はその登場以来、累計で1000億人程度が存在したと考えられているが、現在の世界人口はその8%に当たる80億人である。紀元元年ごろが2億人弱、１００年前のスペイン風邪流行当時で１８億人と推計されているが、これがその後の１世紀で４倍以上にまで増加しているのだから、問題がすぐに地球規模にまで拡大してしまうのも無理はない（**ローマ・クラブの『成長の限界』、ポール・モーランドの『人口で語る世界史』**）。

人類の文化的な側面に焦点を当てると、成文化された今日的な宗教は、古代オリエントのメソポタミア（紀元前６０００年ごろ）とエジプト（紀元前３０００年ごろ）から始まったとされている（**ジークムント・フロイトの『モーセと一神教』**）。紀元前５世紀に古代ギリシアにソクラテスが登場し、西洋哲学の原型が生まれるが、同時期に、古代中国の黄河流域で孔子や老子らの諸子百家、北インドでウパニシャッド哲学と釈迦の仏教が生まれている。哲学者の**カール・ヤスパースは、『歴史の起原と目標』**の中で、紀元前５００年ごろを中心とする前後３００年の時代に起きた世界的な知の爆発を、「世界史の軸となる時代」という意味で「枢軸時代」と呼んでいる。

歴史から学べること

知の爆発以降、学問の発展は大きく分けて2つの経路をたどった。1つは人文科学やそこから派生する社会科学である。これを大胆にまとめて言えば、人間の心や生き方、社会のあり方に焦点を当てた学問だ。他方、自然哲学という今の哲学の源流から派生した自然科学は、400年前にデカルトの近代合理主義によりその方法論が確立された。それが17世紀のガリレオからニュートンに至る科学革命につながり、現代の自然科学万能時代を招来することになる。

前者の人文科学系の考察対象は、何千年もの年月を経ても大きくは変化していない。われわれが人間として抱える問題は何千年もの時を経ても変わることはなく、先人たちの悩みやその知見は、今日でも有効なものとして参照できるのである（**プラトンの『ソクラテスの弁明』『国家』、アリストテレスの『政治学』**）。

これに対して、ニュートンの古典力学、アインシュタインの相対性理論、量子力学の成立、さらにはＩＴ（情報技術）の発展やＡＩ（人工知能）の登場など、自然科学の進歩のスピードはすさまじく、これが世界のあり方を大きく変えてきた（**レイ・カーツワイルの『シンギュラリティは近い』**）。

われわれが認識しておくべきなのは、人間が抱える悩みや生き方、社会や国のあり方というのは、歴史を学ぶことで相当程度理解できるということである。他方で、日進月歩の自然科学が世界に及ぼす影響については、日々、最新情報にアップデートしていかなければ理解できないのである。

今の世界を読み解くうえで重要な書物は数多く、ホリスティック（包括的）に理解するために、本来はそれらすべてを頭に入れておくのが望ましい。ただ、忙しいビジネスパーソンが、目の前にある危機としてユーラシア大陸で起きていることの背景を理解するための1冊として、**イマニュエル・ウォーラーステインの『近代世界システム』**を薦めたい。彼の世界経済システム論は、地理的条件と経済状態が世界史において果たす役割に注目して歴史学に変革をもたらした、『地中海』のフェルナン・ブローデルの世界経済の概念を踏襲している。そのうえで、近代世界システムの特徴として広義の資本主義を挙げており、その中にはすでに旧ソ連も組み込まれていたという議論を展開している。

ユーラシアの文明が他の文明を圧倒した地理的条件に迫った、**ジャレド・ダイアモ**

ンドの『銃・病原菌・鉄』、ウォーラーステインらの西洋中心主義を批判した、アンドレ・グンダー・フランクの『リオリエント』も薦めたい。

堀内　勉（ほりうち・つとむ）

外資系証券会社を経て、大手不動産会社でＣＦＯを務めた。資本主義の教養講座を主催するなど経済・ファイナンス分野に明るく、科学、芸術分野にも精通。近著に『読書大全』など。

【古典に目を向ける】

希望を失う前に読む先哲の言葉

東京大学・国際基督教大学 名誉教授・村上陽一郎

こういうときこそ、先哲の遺（のこ）した言葉に耳を傾けるのはどうだろうか。例えばパスカルの『パンセ』（上・中・下）パスカル：著／塩川徹也：訳）。この書物については、大切な副次的情報もあるが、「読む」際には、無視して構わない。真っすぐ読んでみよう。

翻訳は過去にいくつかあるが、近来では塩川徹也訳、岩波文庫版がよい。心に響く言葉をいくつも見つけられるに違いない。最近読み返していて、胸を刺した一文をご紹介する。「人間の偉大さは、自分がみじめであることを自覚しているところにある。一本の立ち木は自分がみじめだとは思わない。だから自分がみじめだと思うのはみじめなことだが、自分がみじめだと自覚するのは偉大なことだ」（上巻134〜135ページ）。みじめさの中に、その向こう側を見据える勇気が湧いてきませんか。

次に『新約聖書』。当然キリスト教の経典だ。ここでは、宗教色を取り去るために、あえて、教会公認のもの（現代日本ではプロテスタント・カトリック双方による「新共同訳」が最も一般的）に頼らずに、私が勝手に意味を取って訳した文章を呈しよう（「ルカによる福音書」第11章に基づく）。「旅の友人が訪れたが、偶々（たまたま）もてなすパンの用意がなかった。そこでもう一人の友人に、パンを貸してくれないか、と頼んでみた。にべもなく断られた。でも、友達だから貸して、というのではなく、本当に切実に必要なのだから、と言えば、きっと貸してくれたのではないか」。

この例え話は、友情の無意味さが主題のようだが、本当のところは、そうではない。真実・切実な求めは応えられる可能性があると信じることの意味が、語られているのだ。むろんイエスのこの言葉の裏には、神への信頼を失うな、という宗教的な教えが隠されているが、神を離れたとしても、人間として、希望を失って絶望に走らない道を探そうではないか、という慰めと励ましの言葉として受け止めることができるはず。

新型コロナウイルスによる窮状のただ中で、それも第2次世界大戦の惨禍の経験と戒めが十分に働いているはずの現代社会において、ロシアのウクライナ侵略という、最大限に愚かな行為をあえて選択できる余地があったことは、驚きばかりではなく、人間存在への不信をも醸成しつつある。

そこで、というわけではないが、最後に紹介したいのは『老子』である。これも邦訳は多く存在するが、岩波文庫版（蜂屋邦夫訳注）を紹介することにする。例えば、漢字にしてわずか13字、「強梁者不得其死、吾将以為教父」（同書203ページ）。カギとなるのは「強梁」だろうか。字面では「強い梁（はり）」そのもの。梁は「突っ張って、揺るがない」ものをもってよしとする。ここでは、おそらくは、「柔軟さを欠き、傲然と強さだけを見せつける」、そんな意味だと取ってみよう。何事にも、柳のように柔らかな心、温和な姿勢で臨むのをよしとする。そんな思いを、改めて、自分の心の中に確かめてみたい。古き文字には、それなりに人間の知恵がいっぱいなのだ。

村上陽一郎（むらかみ・よういちろう）

科学史家、科学哲学者。東京大学、国際基督教大学などを経て、東洋英和女学院大学学長。『科学者とは何か』『文明のなかの科学』『エリートと教養』など著書多数。

【週刊東洋経済】

本書は、東洋経済新報社『週刊東洋経済』2022年4月30日・5月7日合併号より抜粋、加筆修正のうえ制作しています。この記事が完全収録された底本をはじめ、雑誌バックナンバーは小社ホームページからもお求めいただけます。

小社では、『週刊東洋経済eビジネス新書』シリーズをはじめ、このほかにも多数の電子書籍ラインナップをそろえております。ぜひストアにて**「東洋経済」で検索**してみてください。

『週刊東洋経済eビジネス新書』シリーズ

No.392　無敵の文章術
No.393　物流　頂上決戦
No.394　すごいベンチャー2021〔前編〕
No.395　すごいベンチャー2021〔後編〕
No.396　米国株　超入門

No.397　ビジネスと人権
No.398　無敵の話し方
No.399　ＥＶ　産業革命
No.400　実家のしまい方
No.401　みずほ　解けない呪縛
No.402　私大トップ校　次の戦略
No.403　ニッポン再生　７つの論点
No.404　マンション管理
No.405　学び直しの「近現代史」
No.406　電池　世界争奪戦
No.407　定年格差　シニアの働き方
No.408　今を語る１６の視点　２０２２
No.409　狙われる富裕層
No.410　ライフシフト超入門

No.411　企業価値の新常識
No.412　暗号資産&NFT
No.413　ゼネコン激動期
No.414　病院サバイバル
No.415　生保　最新事情
No.416　M&Aマフィア
No.417　工場が消える
No.418　経済超入門　2022
No.419　東証　沈没
No.420　テクノロジーの未来地図
No.421　年金の新常識

週刊東洋経済eビジネス新書　No.422
先を知るための読書案内

【本誌（底本）】
編集局　堀川美行、山本舞衣、大竹麗子、宇都宮　徹
デザイン　dig（成宮　成、山﨑綾子、峰村沙那、坂本弓華、永田理沙子）
進行管理　平野　藍、角谷佳名子
発行日　2022年4月30日・5月7日合併

【電子版】
編集制作　塚田由紀夫、長谷川　隆
デザイン　大村善久
制作協力　丸井工文社
発行日　2023年5月4日　Ver.1

発行所　〒103-8345
東京都中央区日本橋本石町1-2-1
東洋経済新報社
電話　東洋経済カスタマーセンター
03（6386）1040
https://toyokeizai.net/
発行人　田北浩章

電子書籍化に際しては、仕様上の都合などにより適宜編集を加えています。登場人物に関する情報、価格、為替レートなどは、特に記載のない限り底本編集当時のものです。一部の漢字を簡易慣用字体やかなで表記している場合があります。本書は縦書きでレイアウトしています。ご覧になる機種により表示に差が生じることがあります。

※本刊行物は、電子書籍版に基づいてプリントオンデマンド版として作成されたものです。